يَا اَللّٰهُ يَا رَحْمٰنُ

بِسْمِ اللّٰهِ الرَّحْمٰنِ الرَّحِيمِ

اَنْتَ هُو هُو

اللّٰه اللّٰه
اللّٰه اللّٰه اللّٰه

اَللّٰهُ هُو هُو

هُو هُو

هُو هُو

اَللّٰهُ

إِنَّهُ لَقُرْاٰنٌ كَرِيمٌ
فِي كِتَابٍ مَكْنُونٍ
لَا يَمَسُّهُ إِلَّا الْمُطَهَّرُونَ
تَنْزِيلٌ مِنْ رَبِّ الْعَالَمِينَ

اَنْتَ هُو هُو

هُو
هُو هُو

اَللّٰهُ هُو هُو

لَا إِلٰهَ إِلَّا اللّٰهُ مُحَمَّدٌ رَسُولُ اللّٰهِ

سُورَةُ الْفَاتِحَةِ
مَكِّيَّةٌ

بِسْمِ اللّٰهِ الرَّحْمٰنِ الرَّح۪يمِ ﴿١﴾
اَلْحَمْدُ لِلّٰهِ رَبِّ الْعَالَم۪ينَۙ ﴿٢﴾ اَلرَّحْمٰنِ
الرَّح۪يمِۙ ﴿٣﴾ مَالِكِ يَوْمِ الدّ۪ينِۜ ﴿٤﴾
اِيَّاكَ نَعْبُدُ وَاِيَّاكَ نَسْتَع۪ينُۜ ﴿٥﴾
اِهْدِنَا الصِّرَاطَ الْمُسْتَق۪يمَۙ ﴿٦﴾ صِرَاطَ
الَّذ۪ينَ اَنْعَمْتَ عَلَيْهِمْۙ غَيْرِ
الْمَغْضُوبِ عَلَيْهِمْ وَلَا الضَّٓالّ۪ينَ ﴿٧﴾

وَهِيَ سَبْعُ اٰيَاتٍ

سُورَةُ الْبَقَرَةِ
مَدَنِيَّةٌ

بِسْمِ اللّٰهِ الرَّحْمٰنِ الرَّح۪يمِ

الٓمٓ ۚ ﴿١﴾ ذٰلِكَ الْكِتَابُ لَا رَيْبَ ۚۛ ف۪يهِ ۚۛ هُدًى
لِلْمُتَّق۪ينَۙ ﴿٢﴾ اَلَّذ۪ينَ يُؤْمِنُونَ بِالْغَيْبِ وَيُق۪يمُونَ
الصَّلٰوةَ وَمِمَّا رَزَقْنَاهُمْ يُنْفِقُونَۙ ﴿٣﴾ وَالَّذ۪ينَ
يُؤْمِنُونَ بِمَٓا اُنْزِلَ اِلَيْكَ وَمَٓا اُنْزِلَ مِنْ قَبْلِكَۚ
وَبِالْاٰخِرَةِ هُمْ يُوقِنُونَۜ ﴿٤﴾ اُو۬لٰٓئِكَ عَلٰى هُدًى
مِنْ رَبِّهِمْ وَاُو۬لٰٓئِكَ هُمُ الْمُفْلِحُونَ ﴿٥﴾

وَهِيَ مِائَتَانِ
وَسِتٌّ وَثَمَانُونَ اٰيَةً

اٰيَةُ الْكُرْسِيّ

بِسْمِ اللّٰهِ الرَّحْمٰنِ الرَّح۪يمِ

وَاِلٰهُكُمْ اِلٰهٌ وَاحِدٌۚ لَٓا اِلٰهَ اِلَّا هُوَ الرَّحْمٰنُ الرَّح۪يمُ ﴿١٦٣﴾

اَللّٰهُ لَٓا اِلٰهَ اِلَّا هُوَۚ اَلْحَيُّ الْقَيُّومُۚ لَا تَأْخُذُهُ سِنَةٌ وَلَا نَوْمٌۜ
لَهُ مَا فِي السَّمٰوَاتِ وَمَا فِي الْاَرْضِۜ مَنْ ذَا الَّذ۪ي يَشْفَعُ عِنْدَهُ
اِلَّا بِاِذْنِه۪ۜ يَعْلَمُ مَا بَيْنَ اَيْد۪يهِمْ وَمَا خَلْفَهُمْۚ وَلَا يُح۪يطُونَ
بِشَيْءٍ مِنْ عِلْمِه۪ٓ اِلَّا بِمَا شَٓاءَۚ وَسِعَ كُرْسِيُّهُ السَّمٰوَاتِ
وَالْاَرْضَۚ وَلَا يَؤُ۫دُهُ حِفْظُهُمَاۚ وَهُوَ الْعَلِيُّ الْعَظ۪يمُ ﴿٢٥٥﴾

مِنْ سُورَةِ الْبَقَرَةِ

بِسْمِ اللّٰهِ الرَّحْمٰنِ الرَّح۪يمِ

اٰمَنَ الرَّسُولُ بِمَٓا اُنْزِلَ اِلَيْهِ مِنْ رَبِّه۪ وَالْمُؤْمِنُونَۜ
كُلٌّ اٰمَنَ بِاللّٰهِ وَمَلٰٓئِكَتِه۪ وَكُتُبِه۪ وَرُسُلِه۪ۜ لَا نُفَرِّقُ
بَيْنَ اَحَدٍ مِنْ رُسُلِه۪ قف وَقَالُوا سَمِعْنَا وَاَطَعْنَا
غُفْرَانَكَ رَبَّنَا وَاِلَيْكَ الْمَص۪يرُ ﴿٢٨٥﴾ لَا يُكَلِّفُ اللّٰهُ نَفْسًا اِلَّا
وُسْعَهَاۜ لَهَا مَا كَسَبَتْ وَعَلَيْهَا مَا اكْتَسَبَتْۜ
رَبَّنَا لَا تُؤَاخِذْنَٓا اِنْ نَس۪ينَٓا اَوْ اَخْطَاْنَاۚ رَبَّنَا
وَلَا تَحْمِلْ عَلَيْنَٓا اِصْرًا كَمَا حَمَلْتَهُ عَلَى الَّذ۪ينَ مِنْ قَبْلِنَاۚ رَبَّنَا
وَلَا تُحَمِّلْنَا مَا لَا طَاقَةَ لَنَا بِه۪ۚ وَاعْفُ عَنَّا قف وَاغْفِرْ لَنَا قف وَارْحَمْنَا قف
اَنْتَ مَوْلٰينَا فَانْصُرْنَا عَلَى الْقَوْمِ الْكَافِر۪ينَ ﴿٢٨٦﴾

سُورَةُ الْكَهْفِ مَكِّيَّةٌ
وَهِيَ مِائَةٌ وَعَشْرُ اٰيَاتٍ

بِسْمِ اللّٰهِ الرَّحْمٰنِ الرَّح۪يمِ

اَلْحَمْدُ لِلّٰهِ الَّذ۪ٓي اَنْزَلَ عَلٰى عَبْدِهِ الْكِتَابَ وَلَمْ يَجْعَلْ لَهُ عِوَجًاۜ سكتة ﴿١﴾ قَيِّمًا لِيُنْذِرَ
بَأْسًا شَد۪يدًا مِنْ لَدُنْهُ وَيُبَشِّرَ الْمُؤْمِن۪ينَ الَّذ۪ينَ يَعْمَلُونَ الصَّالِحَاتِ اَنَّ لَهُمْ
اَجْرًا حَسَنًاۙ ﴿٢﴾ مَاكِث۪ينَ ف۪يهِ اَبَدًاۙ ﴿٣﴾ وَيُنْذِرَ الَّذ۪ينَ قَالُوا اتَّخَذَ اللّٰهُ وَلَدًاۗ ﴿٤﴾

مَا لَهُمْ بِهٖ مِنْ عِلْمٍ وَلَا لِاٰبَٓائِهِمْۜ كَبُرَتْ كَلِمَةً تَخْرُجُ
مِنْ اَفْوَاهِهِمْۜ اِنْ يَقُولُونَ اِلَّا كَذِبًا ﴿٥﴾ فَلَعَلَّكَ بَاخِعٌ
نَفْسَكَ عَلٰٓى اٰثَارِهِمْ اِنْ لَمْ يُؤْمِنُوا بِهٰذَا الْحَدِيثِ اَسَفًا ﴿٦﴾
اِنَّا جَعَلْنَا مَا عَلَى الْاَرْضِ زِينَةً لَهَا لِنَبْلُوَهُمْ اَيُّهُمْ اَحْسَنُ عَمَلًا
﴿٧﴾ وَاِنَّا لَجَاعِلُونَ مَا عَلَيْهَا صَعِيدًا جُرُزًاۜ ﴿٨﴾ اَمْ حَسِبْتَ
اَنَّ اَصْحَابَ الْكَهْفِ وَالرَّقِيمِ كَانُوا مِنْ اٰيَاتِنَا عَجَبًا ﴿٩﴾
اِذْ اَوَى الْفِتْيَةُ اِلَى الْكَهْفِ فَقَالُوا رَبَّنَٓا اٰتِنَا مِنْ لَدُنْكَ
رَحْمَةً وَهَيِّئْ لَنَا مِنْ اَمْرِنَا رَشَدًا ﴿١٠﴾ فَضَرَبْنَا عَلٰٓى اٰذَانِهِمْ
فِي الْكَهْفِ سِنِينَ عَدَدًاۙ ﴿١١﴾ ثُمَّ بَعَثْنَاهُمْ لِنَعْلَمَ اَيُّ
الْحِزْبَيْنِ اَحْصٰى لِمَا لَبِثُٓوا اَمَدًاۜ ﴿١٢﴾ نَحْنُ نَقُصُّ عَلَيْكَ
نَبَاَهُمْ بِالْحَقِّۜ اِنَّهُمْ فِتْيَةٌ اٰمَنُوا بِرَبِّهِمْ وَزِدْنَاهُمْ هُدًىۗ ﴿١٣﴾
وَرَبَطْنَا عَلٰى قُلُوبِهِمْ اِذْ قَامُوا فَقَالُوا رَبُّنَا رَبُّ السَّمٰوَاتِ وَالْاَرْضِ
لَنْ نَدْعُوَا مِنْ دُونِهٖٓ اِلٰهًا لَقَدْ قُلْنَٓا اِذًا شَطَطًا ﴿١٤﴾ هٰٓؤُلَٓاءِ
قَوْمُنَا اتَّخَذُوا مِنْ دُونِهٖٓ اٰلِهَةًۜ لَوْلَا يَأْتُونَ عَلَيْهِمْ بِسُلْطَانٍ
بَيِّنٍۜ فَمَنْ اَظْلَمُ مِمَّنِ افْتَرٰى عَلَى اللّٰهِ كَذِبًاۜ ﴿١٥﴾

وَاِذِ اعْتَزَلْتُمُوهُمْ وَمَا يَعْبُدُونَ اِلَّا اللّٰهَ فَاْوُٓا اِلَى الْكَهْفِ
يَنْشُرْ لَكُمْ رَبُّكُمْ مِنْ رَحْمَتِه۪ وَيُهَيِّئْ لَكُمْ مِنْ اَمْرِكُمْ
مِرْفَقاً ﴿١٦﴾ وَتَرَى الشَّمْسَ اِذَا طَلَعَتْ تَزَاوَرُ عَنْ كَهْفِهِمْ ذَاتَ
الْيَمٖينِ وَاِذَا غَرَبَتْ تَقْرِضُهُمْ ذَاتَ الشِّمَالِ وَهُمْ فٖي فَجْوَةٍ مِنْهُۜ
ذٰلِكَ مِنْ اٰيَاتِ اللّٰهِۜ مَنْ يَهْدِ اللّٰهُ فَهُوَ الْمُهْتَدِۚ وَمَنْ
يُضْلِلْ فَلَنْ تَجِدَ لَهُ وَلِيّاً مُرْشِداً ﴿١٧﴾ وَتَحْسَبُهُمْ اَيْقَاظاً وَهُمْ
رُقُودٌۗ وَنُقَلِّبُهُمْ ذَاتَ الْيَمٖينِ وَذَاتَ الشِّمَالِۗ وَكَلْبُهُمْ
بَاسِطٌ ذِرَاعَيْهِ بِالْوَصٖيدِۜ لَوِ اطَّلَعْتَ عَلَيْهِمْ لَوَلَّيْتَ مِنْهُمْ
فِرَاراً وَلَمُلِئْتَ مِنْهُمْ رُعْباً ﴿١٨﴾ وَكَذٰلِكَ بَعَثْنَاهُمْ
لِيَتَسَٓاءَلُوا بَيْنَهُمْۜ قَالَ قَٓائِلٌ مِنْهُمْ كَمْ لَبِثْتُمْۜ قَالُوا
لَبِثْنَا يَوْماً اَوْ بَعْضَ يَوْمٍۜ قَالُوا رَبُّكُمْ اَعْلَمُ بِمَا لَبِثْتُمْ
فَابْعَثُٓوا اَحَدَكُمْ بِوَرِقِكُمْ هٰذِه۪ٓ اِلَى الْمَدٖينَةِ فَلْيَنْظُرْ
اَيُّهَٓا اَزْكٰى طَعَاماً فَلْيَأْتِكُمْ بِرِزْقٍ مِنْهُ وَلْيَتَلَطَّفْ
وَلَا يُشْعِرَنَّ بِكُمْ اَحَداً ﴿١٩﴾ اِنَّهُمْ اِنْ يَظْهَرُوا عَلَيْكُمْ
يَرْجُمُوكُمْ اَوْ يُعٖيدُوكُمْ فٖي مِلَّتِهِمْ وَلَنْ تُفْلِحُٓوا اِذاً اَبَداً ﴿٢٠﴾

وَكَذٰلِكَ اَعْثَرْنَا عَلَيْهِمْ لِيَعْلَمُٓوا اَنَّ وَعْدَ اللّٰهِ حَقٌّ وَاَنَّ السَّاعَةَ
لَا رَيْبَ فٖيهَاۚ اِذْ يَتَنَازَعُونَ بَيْنَهُمْ اَمْرَهُمْ فَقَالُوا ابْنُوا
عَلَيْهِمْ بُنْيَانًاۜ رَبُّهُمْ اَعْلَمُ بِهِمْۜ قَالَ الَّذٖينَ غَلَبُوا عَلٰٓى اَمْرِهِمْ
لَنَتَّخِذَنَّ عَلَيْهِمْ مَسْجِدًا ﴿٢١﴾ سَيَقُولُونَ ثَلٰثَةٌ رَابِعُهُمْ كَلْبُهُمْۚ
وَيَقُولُونَ خَمْسَةٌ سَادِسُهُمْ كَلْبُهُمْ رَجْمًا بِالْغَيْبِۚ وَيَقُولُونَ
سَبْعَةٌ وَثَامِنُهُمْ كَلْبُهُمْۜ قُلْ رَبّٖٓي اَعْلَمُ بِعِدَّتِهِمْ
مَا يَعْلَمُهُمْ اِلَّا قَلٖيلٌ۠ فَلَا تُمَارِ فٖيهِمْ اِلَّا مِرَٓاءً ظَاهِرًاۖ
وَلَا تَسْتَفْتِ فٖيهِمْ مِنْهُمْ اَحَدًا ﴿٢٢﴾ وَلَا تَقُولَنَّ لِشَا۬يْءٍ
اِنّٖي فَاعِلٌ ذٰلِكَ غَدًاۙ ﴿٢٣﴾ اِلَّٓا اَنْ يَشَٓاءَ اللّٰهُۘ وَاذْكُرْ رَبَّكَ
اِذَا نَسٖيتَ وَقُلْ عَسٰٓى اَنْ يَهْدِيَنِ رَبّٖي لِاَقْرَبَ مِنْ هٰذَا
رَشَدًا ﴿٢٤﴾ وَلَبِثُوا فٖي كَهْفِهِمْ ثَلٰثَ مِائَةٍ سِنٖينَ وَازْدَادُوا
تِسْعًا ﴿٢٥﴾ قُلِ اللّٰهُ اَعْلَمُ بِمَا لَبِثُواۚ لَهُ غَيْبُ السَّمٰوَاتِ وَالْاَرْضِۜ
اَبْصِرْ بِهٖ وَاَسْمِعْۜ مَا لَهُمْ مِنْ دُونِهٖ مِنْ وَلِيٍّۘ وَلَا يُشْرِكُ
فٖي حُكْمِهٖٓ اَحَدًا ﴿٢٦﴾ وَاتْلُ مَٓا اُو۫حِيَ اِلَيْكَ مِنْ كِتَابِ رَبِّكَۚ
لَا مُبَدِّلَ لِكَلِمَاتِهٖ وَلَنْ تَجِدَ مِنْ دُونِهٖ مُلْتَحَدًا ﴿٢٧﴾

وَاصْبِرْ نَفْسَكَ مَعَ الَّذِينَ يَدْعُونَ رَبَّهُمْ بِالْغَدٰوةِ وَالْعَشِيِّ
يُرِيدُونَ وَجْهَهُ وَلَا تَعْدُ عَيْنَاكَ عَنْهُمْ تُرِيدُ زِينَةَ الْحَيٰوةِ
الدُّنْيَا وَلَا تُطِعْ مَنْ اَغْفَلْنَا قَلْبَهُ عَنْ ذِكْرِنَا وَاتَّبَعَ هَوٰيهُ
وَكَانَ اَمْرُهُ فُرُطًا ﴿٢٨﴾ وَقُلِ الْحَقُّ مِنْ رَبِّكُمْ فَمَنْ شَٓاءَ فَلْيُؤْمِنْ
وَمَنْ شَٓاءَ فَلْيَكْفُرْ اِنَّٓا اَعْتَدْنَا لِلظَّالِمِينَ نَارًا اَحَاطَ بِهِمْ سُرَادِقُهَا
وَاِنْ يَسْتَغِيثُوا يُغَاثُوا بِمَٓاءٍ كَالْمُهْلِ يَشْوِي الْوُجُوهَ بِئْسَ الشَّرَابُ
وَسَٓاءَتْ مُرْتَفَقًا ﴿٢٩﴾ اِنَّ الَّذِينَ اٰمَنُوا وَعَمِلُوا الصَّالِحَاتِ اِنَّا
لَا نُضِيعُ اَجْرَ مَنْ اَحْسَنَ عَمَلًا ﴿٣٠﴾ اُولٰٓئِكَ لَهُمْ جَنَّاتُ عَدْنٍ تَجْرِي
مِنْ تَحْتِهِمُ الْاَنْهَارُ يُحَلَّوْنَ فِيهَا مِنْ اَسَاوِرَ مِنْ ذَهَبٍ وَيَلْبَسُونَ
ثِيَابًا خُضْرًا مِنْ سُنْدُسٍ وَاِسْتَبْرَقٍ مُتَّكِئِينَ فِيهَا عَلَى
الْاَرَٓائِكِ نِعْمَ الثَّوَابُ وَحَسُنَتْ مُرْتَفَقًا ﴿٣١﴾ وَاضْرِبْ لَهُمْ
مَثَلًا رَجُلَيْنِ جَعَلْنَا لِاَحَدِهِمَا جَنَّتَيْنِ مِنْ اَعْنَابٍ وَحَفَفْنَاهُمَا
بِنَخْلٍ وَجَعَلْنَا بَيْنَهُمَا زَرْعًا ﴿٣٢﴾ كِلْتَا الْجَنَّتَيْنِ اٰتَتْ اُكُلَهَا
وَلَمْ تَظْلِمْ مِنْهُ شَيْـًٔا وَفَجَّرْنَا خِلَالَهُمَا نَهَرًا ﴿٣٣﴾ وَكَانَ لَهُ ثَمَرٌ
فَقَالَ لِصَاحِبِهِ وَهُوَ يُحَاوِرُهُ اَنَا اَكْثَرُ مِنْكَ مَالًا وَاَعَزُّ نَفَرًا ﴿٣٤﴾

وَدَخَلَ جَنَّتَهُ وَهُوَ ظَالِمٌ لِنَفْسِهِ قَالَ مَا اَظُنُّ اَنْ تَب۪يدَ هٰذِه۪
اَبَدًا ﴿٣٥﴾ وَمَا اَظُنُّ السَّاعَةَ قَائِمَةً وَلَئِنْ رُدِدْتُ اِلٰى رَبّ۪ي لَاَجِدَنَّ
خَيْرًا مِنْهَا مُنْقَلَبًا ﴿٣٦﴾ قَالَ لَهُ صَاحِبُهُ وَهُوَ يُحَاوِرُهُ اَكَفَرْتَ
بِالَّذ۪ي خَلَقَكَ مِنْ تُرَابٍ ثُمَّ مِنْ نُطْفَةٍ ثُمَّ سَوّٰيكَ رَجُلًا ﴿٣٧﴾
لٰكِنَّا۬ هُوَ اللّٰهُ رَبّ۪ي وَلَٓا اُشْرِكُ بِرَبّ۪ٓي اَحَدًا ﴿٣٨﴾ وَلَوْلَٓا اِذْ
دَخَلْتَ جَنَّتَكَ قُلْتَ مَا شَٓاءَ اللّٰهُ لَا قُوَّةَ اِلَّا بِاللّٰهِ اِنْ تَرَنِ
اَنَا۬ اَقَلَّ مِنْكَ مَالًا وَوَلَدًا ﴿٣٩﴾ فَعَسٰى رَبّ۪ٓي اَنْ يُؤْتِيَنِ خَيْرًا مِنْ جَنَّتِكَ
وَيُرْسِلَ عَلَيْهَا حُسْبَانًا مِنَ السَّمَٓاءِ فَتُصْبِحَ صَع۪يدًا زَلَقًا ﴿٤٠﴾ اَوْ يُصْبِحَ
مَٓاؤُ۬هَا غَوْرًا فَلَنْ تَسْتَط۪يعَ لَهُ طَلَبًا ﴿٤١﴾ وَاُح۪يطَ بِثَمَرِه۪ فَاَصْبَحَ
يُقَلِّبُ كَفَّيْهِ عَلٰى مَٓا اَنْفَقَ ف۪يهَا وَهِيَ خَاوِيَةٌ عَلٰى عُرُوشِهَا وَيَقُولُ
يَا لَيْتَن۪ي لَمْ اُشْرِكْ بِرَبّ۪ٓي اَحَدًا ﴿٤٢﴾ وَلَمْ تَكُنْ لَهُ فِئَةٌ يَنْصُرُونَهُ
مِنْ دُونِ اللّٰهِ وَمَا كَانَ مُنْتَصِرًا ﴿٤٣﴾ هُنَالِكَ الْوَلَايَةُ لِلّٰهِ الْحَقِّ هُوَ
خَيْرٌ ثَوَابًا وَخَيْرٌ عُقْبًا ﴿٤٤﴾ وَاضْرِبْ لَهُمْ مَثَلَ الْحَيٰوةِ الدُّنْيَا
كَمَٓاءٍ اَنْزَلْنَاهُ مِنَ السَّمَٓاءِ فَاخْتَلَطَ بِه۪ نَبَاتُ الْاَرْضِ فَاَصْبَحَ
هَش۪يمًا تَذْرُوهُ الرِّيَاحُ وَكَانَ اللّٰهُ عَلٰى كُلِّ شَيْءٍ مُقْتَدِرًا ﴿٤٥﴾

اَلْمَالُ وَالْبَنُونَ زِينَةُ الْحَيٰوةِ الدُّنْيَاۚ وَالْبَاقِيَاتُ الصَّالِحَاتُ خَيْرٌ عِنْدَ
رَبِّكَ ثَوَابًا وَخَيْرٌ اَمَلًا ﴿٤٦﴾ وَيَوْمَ نُسَيِّرُ الْجِبَالَ وَتَرَى الْاَرْضَ
بَارِزَةًۙ وَحَشَرْنَاهُمْ فَلَمْ نُغَادِرْ مِنْهُمْ اَحَدًاۚ ﴿٤٧﴾ وَعُرِضُوا عَلٰى
رَبِّكَ صَفًّاۜ لَقَدْ جِئْتُمُونَا كَمَا خَلَقْنَاكُمْ اَوَّلَ مَرَّةٍۘ بَلْ زَعَمْتُمْ
اَلَّنْ نَجْعَلَ لَكُمْ مَوْعِدًا ﴿٤٨﴾ وَوُضِعَ الْكِتَابُ فَتَرَى الْمُجْرِمِينَ
مُشْفِقِينَ مِمَّا فِيهِ وَيَقُولُونَ يَا وَيْلَتَنَا مَا لِهٰذَا الْكِتَابِ لَا يُغَادِرُ
صَغِيرَةً وَلَا كَبِيرَةً اِلَّٓا اَحْصٰيهَاۚ وَوَجَدُوا مَا عَمِلُوا حَاضِرًاۜ وَلَا يَظْلِمُ
رَبُّكَ اَحَدًا ﴿٤٩﴾ وَاِذْ قُلْنَا لِلْمَلٰٓئِكَةِ اسْجُدُوا لِاٰدَمَ
فَسَجَدُوا اِلَّٓا اِبْلِيسَۜ كَانَ مِنَ الْجِنِّ فَفَسَقَ عَنْ اَمْرِ
رَبِّهِۜ اَفَتَتَّخِذُونَهُ وَذُرِّيَّتَهُٓ اَوْلِيَٓاءَ مِنْ دُونِي وَهُمْ لَكُمْ عَدُوٌّۜ
بِئْسَ لِلظَّالِمِينَ بَدَلًا ﴿٥٠﴾ مَٓا اَشْهَدْتُهُمْ خَلْقَ السَّمٰوَاتِ وَالْاَرْضِ
وَلَا خَلْقَ اَنْفُسِهِمْۖ وَمَا كُنْتُ مُتَّخِذَ الْمُضِلِّينَ عَضُدًا ﴿٥١﴾
وَيَوْمَ يَقُولُ نَادُوا شُرَكَٓائِيَ الَّذِينَ زَعَمْتُمْ فَدَعَوْهُمْ فَلَمْ
يَسْتَجِيبُوا لَهُمْ وَجَعَلْنَا بَيْنَهُمْ مَوْبِقًا ﴿٥٢﴾ وَرَاَ الْمُجْرِمُونَ
النَّارَ فَظَنُّوا اَنَّهُمْ مُوَاقِعُوهَا وَلَمْ يَجِدُوا عَنْهَا مَصْرِفًا ﴿٥٣﴾

وَلَقَدْ صَرَّفْنَا فِي هٰذَا الْقُرْاٰنِ لِلنَّاسِ مِنْ كُلِّ مَثَلٍ وَكَانَ الْاِنْسَانُ
اَكْثَرَ شَيْءٍ جَدَلًا ﴿٥٤﴾ وَمَا مَنَعَ النَّاسَ اَنْ يُؤْمِنُوا اِذْ جَاءَهُمُ
الْهُدٰى وَيَسْتَغْفِرُوا رَبَّهُمْ اِلَّا اَنْ تَأْتِيَهُمْ سُنَّةُ الْاَوَّلِينَ
اَوْ يَأْتِيَهُمُ الْعَذَابُ قُبُلًا ﴿٥٥﴾ وَمَا نُرْسِلُ الْمُرْسَلِينَ اِلَّا مُبَشِّرِينَ
وَمُنْذِرِينَ وَيُجَادِلُ الَّذِينَ كَفَرُوا بِالْبَاطِلِ لِيُدْحِضُوا بِهِ
الْحَقَّ وَاتَّخَذُوا اٰيَاتِي وَمَا اُنْذِرُوا هُزُوًا ﴿٥٦﴾ وَمَنْ اَظْلَمُ
مِمَّنْ ذُكِّرَ بِاٰيَاتِ رَبِّهِ فَاَعْرَضَ عَنْهَا وَنَسِيَ مَا قَدَّمَتْ
يَدَاهُ اِنَّا جَعَلْنَا عَلٰى قُلُوبِهِمْ اَكِنَّةً اَنْ يَفْقَهُوهُ وَفِي
اٰذَانِهِمْ وَقْرًا وَاِنْ تَدْعُهُمْ اِلَى الْهُدٰى فَلَنْ يَهْتَدُوا
اِذًا اَبَدًا ﴿٥٧﴾ وَرَبُّكَ الْغَفُورُ ذُو الرَّحْمَةِ لَوْ يُؤَاخِذُهُمْ
بِمَا كَسَبُوا لَعَجَّلَ لَهُمُ الْعَذَابَ بَلْ لَهُمْ مَوْعِدٌ لَنْ يَجِدُوا مِنْ
دُونِهِ مَوْئِلًا ﴿٥٨﴾ وَتِلْكَ الْقُرٰى اَهْلَكْنَاهُمْ لَمَّا ظَلَمُوا وَجَعَلْنَا
لِمَهْلِكِهِمْ مَوْعِدًا ﴿٥٩﴾ وَاِذْ قَالَ مُوسٰى لِفَتٰيهُ لَا اَبْرَحُ حَتّٰى
اَبْلُغَ مَجْمَعَ الْبَحْرَيْنِ اَوْ اَمْضِيَ حُقُبًا ﴿٦٠﴾ فَلَمَّا بَلَغَا مَجْمَعَ
بَيْنِهِمَا نَسِيَا حُوتَهُمَا فَاتَّخَذَ سَبِيلَهُ فِي الْبَحْرِ سَرَبًا ﴿٦١﴾

فَلَمَّا جَاوَزَا قَالَ لِفَتٰيهُ اٰتِنَا غَدَٓاءَنَاۘ لَقَدْ لَق۪ينَا مِنْ سَفَرِنَا
هٰذَا نَصَبًا ﴿٦٢﴾ قَالَ اَرَاَيْتَ اِذْ اَوَيْنَٓا اِلَى الصَّخْرَةِ فَاِنّ۪ي نَس۪يتُ
الْحُوتَۘ وَمَٓا اَنْسَان۪يهُ اِلَّا الشَّيْطَانُ اَنْ اَذْكُرَهُۚ وَاتَّخَذَ سَب۪يلَهُ
فِي الْبَحْرِۗ عَجَبًا ﴿٦٣﴾ قَالَ ذٰلِكَ مَا كُنَّا نَبْغِۗ فَارْتَدَّا عَلٰٓى اٰثَارِهِمَا
قَصَصًاۙ ﴿٦٤﴾ فَوَجَدَا عَبْدًا مِنْ عِبَادِنَٓا اٰتَيْنَاهُ رَحْمَةً مِنْ عِنْدِنَا
وَعَلَّمْنَاهُ مِنْ لَدُنَّا عِلْمًا ﴿٦٥﴾ قَالَ لَهُ مُوسٰى هَلْ اَتَّبِعُكَ عَلٰٓى اَنْ
تُعَلِّمَنِ مِمَّا عُلِّمْتَ رُشْدًا ﴿٦٦﴾ قَالَ اِنَّكَ لَنْ تَسْتَط۪يعَ مَعِيَ صَبْرًا
﴿٦٧﴾ وَكَيْفَ تَصْبِرُ عَلٰى مَا لَمْ تُحِطْ بِه۪ خُبْرًا ﴿٦٨﴾ قَالَ سَتَجِدُن۪ٓي اِنْ شَٓاءَ
اللّٰهُ صَابِرًا وَلَٓا اَعْص۪ي لَكَ اَمْرًا ﴿٦٩﴾ قَالَ فَاِنِ اتَّبَعْتَن۪ي فَلَا تَسْـَٔلْن۪ي
عَنْ شَيْءٍ حَتّٰٓى اُحْدِثَ لَكَ مِنْهُ ذِكْرًا ﴿٧٠﴾ فَانْطَلَقَا حَتّٰٓى اِذَا
رَكِبَا فِي السَّف۪ينَةِ خَرَقَهَاۜ قَالَ اَخَرَقْتَهَا لِتُغْرِقَ اَهْلَهَاۚ لَقَدْ
جِئْتَ شَيْـًٔا اِمْرًا ﴿٧١﴾ قَالَ اَلَمْ اَقُلْ اِنَّكَ لَنْ تَسْتَط۪يعَ مَعِيَ صَبْرًا
﴿٧٢﴾ قَالَ لَا تُؤَاخِذْن۪ي بِمَا نَس۪يتُ وَلَا تُرْهِقْن۪ي مِنْ اَمْر۪ي عُسْرًا
﴿٧٣﴾ فَانْطَلَقَا حَتّٰٓى اِذَا لَقِيَا غُلَامًا فَقَتَلَهُۙ قَالَ اَقَتَلْتَ
نَفْسًا زَكِيَّةً بِغَيْرِ نَفْسٍۜ لَقَدْ جِئْتَ شَيْـًٔا نُكْرًا ﴿٧٤﴾

قَالَ اَلَمْ اَقُلْ لَكَ اِنَّكَ لَنْ تَسْتَطٖيعَ مَعِيَ صَبْرًا ﴿٧٥﴾ قَالَ اِنْ سَاَلْتُكَ
عَنْ شَيْءٍ بَعْدَهَا فَلَا تُصَاحِبْنٖيۚ قَدْ بَلَغْتَ مِنْ لَدُنّٖي عُذْرًا
﴿٧٦﴾ فَانْطَلَقَاۗ حَتّٰٓى اِذَٓا اَتَيَٓا اَهْلَ قَرْيَةِۨ اسْتَطْعَمَٓا اَهْلَهَا فَاَبَوْا
اَنْ يُضَيِّفُوهُمَا فَوَجَدَا فٖيهَا جِدَارًا يُرٖيدُ اَنْ يَنْقَضَّ فَاَقَامَهُۜ
قَالَ لَوْ شِئْتَ لَتَّخَذْتَ عَلَيْهِ اَجْرًا ﴿٧٧﴾ قَالَ هٰذَا فِرَاقُ بَيْنٖي وَبَيْنِكَۚ
سَاُنَبِّئُكَ بِتَاْوٖيلِ مَا لَمْ تَسْتَطِعْ عَلَيْهِ صَبْرًا ﴿٧٨﴾ اَمَّا السَّفٖينَةُ فَكَانَتْ
لِمَسَاكٖينَ يَعْمَلُونَ فِي الْبَحْرِ فَاَرَدْتُ اَنْ اَعٖيبَهَا وَكَانَ وَرَٓاءَهُمْ مَلِكٌ
يَاْخُذُ كُلَّ سَفٖينَةٍ غَصْبًا ﴿٧٩﴾ وَاَمَّا الْغُلَامُ فَكَانَ اَبَوَاهُ مُؤْمِنَيْنِ
فَخَشٖينَٓا اَنْ يُرْهِقَهُمَا طُغْيَانًا وَكُفْرًاۚ ﴿٨٠﴾ فَاَرَدْنَٓا اَنْ يُبْدِلَهُمَا رَبُّهُمَا
خَيْرًا مِنْهُ زَكٰوةً وَاَقْرَبَ رُحْمًا ﴿٨١﴾ وَاَمَّا الْجِدَارُ فَكَانَ
لِغُلَامَيْنِ يَتٖيمَيْنِ فِي الْمَدٖينَةِ وَكَانَ تَحْتَهُ كَنْزٌ لَهُمَا
وَكَانَ اَبُوهُمَا صَالِحًاۚ فَاَرَادَ رَبُّكَ اَنْ يَبْلُغَٓا اَشُدَّهُمَا
وَيَسْتَخْرِجَا كَنْزَهُمَاۗ رَحْمَةً مِنْ رَبِّكَۚ وَمَا فَعَلْتُهُ عَنْ
اَمْرٖيۜ ذٰلِكَ تَاْوٖيلُ مَا لَمْ تَسْطِعْ عَلَيْهِ صَبْرًاۜ ﴿٨٢﴾ وَيَسْـَٔلُونَكَ عَنْ
ذِي الْقَرْنَيْنِۜ قُلْ سَاَتْلُوا عَلَيْكُمْ مِنْهُ ذِكْرًاۜ ﴿٨٣﴾

اِنَّا مَكَّنَّا لَهُ فِي الْاَرْضِ وَ اٰتَيْنَاهُ مِنْ كُلِّ شَيْءٍ سَبَبًا ﴿٨٤﴾ فَاَتْبَعَ سَبَبًا
﴿٨٥﴾ حَتّٰى اِذَا بَلَغَ مَغْرِبَ الشَّمْسِ وَجَدَهَا تَغْرُبُ فِي عَيْنٍ حَمِئَةٍ
وَ وَجَدَ عِنْدَهَا قَوْمًا قُلْنَا يَا ذَا الْقَرْنَيْنِ اِمَّا اَنْ تُعَذِّبَ وَ اِمَّا اَنْ
تَتَّخِذَ فِيهِمْ حُسْنًا ﴿٨٦﴾ قَالَ اَمَّا مَنْ ظَلَمَ فَسَوْفَ نُعَذِّبُهُ
ثُمَّ يُرَدُّ اِلٰى رَبِّهِ فَيُعَذِّبُهُ عَذَابًا نُكْرًا ﴿٨٧﴾ وَ اَمَّا مَنْ اٰمَنَ وَ عَمِلَ صَالِحًا
فَلَهُ جَزَاءً الْحُسْنٰى وَ سَنَقُولُ لَهُ مِنْ اَمْرِنَا يُسْرًا ﴿٨٨﴾ ثُمَّ اَتْبَعَ سَبَبًا
﴿٨٩﴾ حَتّٰى اِذَا بَلَغَ مَطْلِعَ الشَّمْسِ وَجَدَهَا تَطْلُعُ عَلٰى قَوْمٍ لَمْ نَجْعَلْ لَهُمْ
مِنْ دُونِهَا سِتْرًا ﴿٩٠﴾ كَذٰلِكَ وَ قَدْ اَحَطْنَا بِمَا لَدَيْهِ خُبْرًا ﴿٩١﴾ ثُمَّ اَتْبَعَ سَبَبًا
﴿٩٢﴾ حَتّٰى اِذَا بَلَغَ بَيْنَ السَّدَّيْنِ وَجَدَ مِنْ دُونِهِمَا قَوْمًا لَا يَكَادُونَ
يَفْقَهُونَ قَوْلًا ﴿٩٣﴾ قَالُوا يَا ذَا الْقَرْنَيْنِ اِنَّ يَاْجُوجَ وَ مَاْجُوجَ مُفْسِدُونَ
فِي الْاَرْضِ فَهَلْ نَجْعَلُ لَكَ خَرْجًا عَلٰى اَنْ تَجْعَلَ بَيْنَنَا وَ بَيْنَهُمْ سَدًّا ﴿٩٤﴾ قَالَ
مَا مَكَّنِّي فِيهِ رَبِّي خَيْرٌ فَاَعِينُونِي بِقُوَّةٍ اَجْعَلْ بَيْنَكُمْ وَ بَيْنَهُمْ
رَدْمًا ﴿٩٥﴾ اٰتُونِي زُبَرَ الْحَدِيدِ حَتّٰى اِذَا سَاوٰى بَيْنَ الصَّدَفَيْنِ قَالَ
انْفُخُوا حَتّٰى اِذَا جَعَلَهُ نَارًا قَالَ اٰتُونِي اُفْرِغْ عَلَيْهِ قِطْرًا ﴿٩٦﴾
فَمَا اسْطَاعُوا اَنْ يَظْهَرُوهُ وَ مَا اسْتَطَاعُوا لَهُ نَقْبًا ﴿٩٧﴾

قَالَ هٰذَا رَحْمَةٌ مِنْ رَبّ۪يۚ فَاِذَا جَٓاءَ وَعْدُ رَبّ۪ي جَعَلَهُ دَكَّٓاءَۚ وَكَانَ
وَعْدُ رَبّ۪ي حَقًّاۜ ﴿٩٨﴾ وَتَرَكْنَا بَعْضَهُمْ يَوْمَئِذٍ يَمُوجُ ف۪ي بَعْضٍ وَنُفِخَ فِي
الصُّورِ فَجَمَعْنَاهُمْ جَمْعًاۙ ﴿٩٩﴾ وَعَرَضْنَا جَهَنَّمَ يَوْمَئِذٍ لِلْكَافِر۪ينَ عَرْضًاۙ
﴿١٠٠﴾ اَلَّذ۪ينَ كَانَتْ اَعْيُنُهُمْ ف۪ي غِطَٓاءٍ عَنْ ذِكْر۪ي وَكَانُوا لَا يَسْتَط۪يعُونَ
سَمْعًاۧ ﴿١٠١﴾ اَفَحَسِبَ الَّذ۪ينَ كَفَرُٓوا اَنْ يَتَّخِذُوا عِبَاد۪ي مِنْ دُون۪ٓي اَوْلِيَٓاءَۜ
اِنَّٓا اَعْتَدْنَا جَهَنَّمَ لِلْكَافِر۪ينَ نُزُلًا ﴿١٠٢﴾ قُلْ هَلْ نُنَبِّئُكُمْ بِالْاَخْسَر۪ينَ اَعْمَالًاۜ
﴿١٠٣﴾ اَلَّذ۪ينَ ضَلَّ سَعْيُهُمْ فِي الْحَيٰوةِ الدُّنْيَا وَهُمْ يَحْسَبُونَ اَنَّهُمْ يُحْسِنُونَ
صُنْعًا ﴿١٠٤﴾ اُو۬لٰٓئِكَ الَّذ۪ينَ كَفَرُوا بِاٰيَاتِ رَبِّهِمْ وَلِقَٓائِه۪ فَحَبِطَتْ اَعْمَالُهُمْ
فَلَا نُق۪يمُ لَهُمْ يَوْمَ الْقِيٰمَةِ وَزْنًا ﴿١٠٥﴾ ذٰلِكَ جَزَٓاؤُ۬هُمْ جَهَنَّمُ بِمَا
كَفَرُوا وَاتَّخَذُٓوا اٰيَات۪ي وَرُسُل۪ي هُزُوًا ﴿١٠٦﴾ اِنَّ الَّذ۪ينَ اٰمَنُوا وَعَمِلُوا
الصَّالِحَاتِ كَانَتْ لَهُمْ جَنَّاتُ الْفِرْدَوْسِ نُزُلًاۙ ﴿١٠٧﴾ خَالِد۪ينَ ف۪يهَا لَا يَبْغُونَ
عَنْهَا حِوَلًا ﴿١٠٨﴾ قُلْ لَوْ كَانَ الْبَحْرُ مِدَادًا لِكَلِمَاتِ رَبّ۪ي لَنَفِدَ الْبَحْرُ
قَبْلَ اَنْ تَنْفَدَ كَلِمَاتُ رَبّ۪ي وَلَوْ جِئْنَا بِمِثْلِه۪ مَدَدًا ﴿١٠٩﴾ قُلْ اِنَّمَٓا اَنَا۬ بَشَرٌ
مِثْلُكُمْ يُوحٰٓى اِلَيَّ اَنَّمَٓا اِلٰهُكُمْ اِلٰهٌ وَاحِدٌۚ فَمَنْ كَانَ يَرْجُوا
لِقَٓاءَ رَبِّه۪ فَلْيَعْمَلْ عَمَلًا صَالِحًا وَلَا يُشْرِكْ بِعِبَادَةِ رَبِّه۪ٓ اَحَدًا ﴿١١٠﴾

سُورَةُ يٰسٓ مَكِّيَّةٌ وَهِيَ ثَلٰثٌ وَثَمَانُونَ اٰيَةً

بِسْمِ اللّٰهِ الرَّحْمٰنِ الرَّح۪يمِ

يٰسٓ ۚ ﴿١﴾ وَالْقُرْاٰنِ الْحَك۪يمِۙ ﴿٢﴾ اِنَّكَ لَمِنَ الْمُرْسَل۪ينَۙ ﴿٣﴾ عَلٰى
صِرَاطٍ مُسْتَق۪يمٍۜ ﴿٤﴾ تَنْز۪يلَ الْعَز۪يزِ الرَّح۪يمِۙ ﴿٥﴾ لِتُنْذِرَ قَوْمًا
مَٓا اُنْذِرَ اٰبَٓاؤُ۬هُمْ فَهُمْ غَافِلُونَ ﴿٦﴾ لَقَدْ حَقَّ الْقَوْلُ عَلٰٓى
اَكْثَرِهِمْ فَهُمْ لَا يُؤْمِنُونَ ﴿٧﴾ اِنَّا جَعَلْنَا ف۪ٓي اَعْنَاقِهِمْ اَغْلَالًا
فَهِيَ اِلَى الْاَذْقَانِ فَهُمْ مُقْمَحُونَ ﴿٨﴾ وَجَعَلْنَا مِنْ بَيْنِ اَيْد۪يهِمْ
سَدًّا وَمِنْ خَلْفِهِمْ سَدًّا فَاَغْشَيْنَاهُمْ فَهُمْ لَا يُبْصِرُونَ
﴿٩﴾ وَسَوَٓاءٌ عَلَيْهِمْ ءَاَنْذَرْتَهُمْ اَمْ لَمْ تُنْذِرْهُمْ لَا يُؤْمِنُونَ
﴿١٠﴾ اِنَّمَا تُنْذِرُ مَنِ اتَّبَعَ الذِّكْرَ وَخَشِيَ الرَّحْمٰنَ بِالْغَيْبِۚ فَبَشِّرْهُ
بِمَغْفِرَةٍ وَاَجْرٍ كَر۪يمٍ ﴿١١﴾ اِنَّا نَحْنُ نُحْيِ الْمَوْتٰى وَنَكْتُبُ
مَا قَدَّمُوا وَاٰثَارَهُمْۜ وَكُلَّ شَيْءٍ اَحْصَيْنَاهُ ف۪ٓي اِمَامٍ مُب۪ينٍ ﴿١٢﴾

وَاضْرِبْ لَهُمْ مَثَلًا اَصْحَابَ الْقَرْيَةِ اِذْ جَاۤءَهَا الْمُرْسَلُونَ ج
اِذْ اَرْسَلْنَاۤ اِلَيْهِمُ اثْنَيْنِ فَكَذَّبُوهُمَا فَعَزَّزْنَا ﴿١٣﴾
بِثَالِثٍ فَقَالُوۤا اِنَّاۤ اِلَيْكُمْ مُرْسَلُونَ ﴿١٤﴾ قَالُوا مَاۤ اَنْتُمْ اِلَّا
بَشَرٌ مِثْلُنَا ۙ وَمَاۤ اَنْزَلَ الرَّحْمٰنُ مِنْ شَيْءٍ ۙ اِنْ اَنْتُمْ اِلَّا تَكْذِبُونَ ﴿١٥﴾
قَالُوا رَبُّنَا يَعْلَمُ اِنَّاۤ اِلَيْكُمْ لَمُرْسَلُونَ ﴿١٦﴾ وَمَا عَلَيْنَاۤ اِلَّا
الْبَلَاغُ الْمُبِينُ ﴿١٧﴾ قَالُوۤا اِنَّا تَطَيَّرْنَا بِكُمْ ج لَئِنْ لَمْ تَنْتَهُوا
لَنَرْجُمَنَّكُمْ وَلَيَمَسَّنَّكُمْ مِنَّا عَذَابٌ اَلِيمٌ ﴿١٨﴾ قَالُوا طَاۤئِرُكُمْ
مَعَكُمْ ۖ اَئِنْ ذُكِّرْتُمْ ۖ بَلْ اَنْتُمْ قَوْمٌ مُسْرِفُونَ ﴿١٩﴾ وَجَاۤءَ مِنْ
اَقْصَا الْمَدِينَةِ رَجُلٌ يَسْعٰى قَالَ يَا قَوْمِ اتَّبِعُوا الْمُرْسَلِينَ ۙ
﴿٢٠﴾ اتَّبِعُوا مَنْ لَا يَسْـَٔلُكُمْ اَجْرًا وَهُمْ مُهْتَدُونَ ﴿٢١﴾ وَمَا لِيَ
لَاۤ اَعْبُدُ الَّذِي فَطَرَنِي وَاِلَيْهِ تُرْجَعُونَ ﴿٢٢﴾ ءَاَتَّخِذُ مِنْ
دُونِهِ اٰلِهَةً اِنْ يُرِدْنِ الرَّحْمٰنُ بِضُرٍّ لَا تُغْنِ عَنِّي شَفَاعَتُهُمْ
شَيْـًٔا وَلَا يُنْقِذُونِ ج ﴿٢٣﴾ اِنِّۤي اِذًا لَفِي ضَلَالٍ مُبِينٍ ﴿٢٤﴾ اِنِّۤي
اٰمَنْتُ بِرَبِّكُمْ فَاسْمَعُونِ ۖ ﴿٢٥﴾ قِيلَ ادْخُلِ الْجَنَّةَ ۖ قَالَ يَا لَيْتَ قَوْمِي
يَعْلَمُونَ ۙ ﴿٢٦﴾ بِمَا غَفَرَ لِي رَبِّي وَجَعَلَنِي مِنَ الْمُكْرَمِينَ ﴿٢٧﴾

وَمَٓا اَنْزَلْنَا عَلٰى قَوْمِه۪ مِنْ بَعْدِه۪ مِنْ جُنْدٍ مِنَ السَّمَٓاءِ
وَمَا كُنَّا مُنْزِل۪ينَ ﴿٢٨﴾ اِنْ كَانَتْ اِلَّا صَيْحَةً وَاحِدَةً فَاِذَا هُمْ
خَامِدُونَ ﴿٢٩﴾ يَا حَسْرَةً عَلَى الْعِبَادِۚ مَا يَأْت۪يهِمْ مِنْ رَسُولٍ
اِلَّا كَانُوا بِه۪ يَسْتَهْزِؤُ۫نَ ﴿٣٠﴾ اَلَمْ يَرَوْا كَمْ اَهْلَكْنَا قَبْلَهُمْ
مِنَ الْقُرُونِ اَنَّهُمْ اِلَيْهِمْ لَا يَرْجِعُونَ ﴿٣١﴾ وَاِنْ كُلٌّ لَمَّا جَم۪يعٌ
لَدَيْنَا مُحْضَرُونَ ﴿٣٢﴾ وَاٰيَةٌ لَهُمُ الْاَرْضُ الْمَيْتَةُۚ اَحْيَيْنَاهَا
وَاَخْرَجْنَا مِنْهَا حَبًّا فَمِنْهُ يَأْكُلُونَ ﴿٣٣﴾ وَجَعَلْنَا ف۪يهَا جَنَّاتٍ
مِنْ نَخ۪يلٍ وَاَعْنَابٍ وَفَجَّرْنَا ف۪يهَا مِنَ الْعُيُونِۙ ﴿٣٤﴾ لِيَأْكُلُوا
مِنْ ثَمَرِه۪ۙ وَمَا عَمِلَتْهُ اَيْد۪يهِمْۜ اَفَلَا يَشْكُرُونَ ﴿٣٥﴾ سُبْحَانَ
الَّذ۪ي خَلَقَ الْاَزْوَاجَ كُلَّهَا مِمَّا تُنْبِتُ الْاَرْضُ وَمِنْ اَنْفُسِهِمْ
وَمِمَّا لَا يَعْلَمُونَ ﴿٣٦﴾ وَاٰيَةٌ لَهُمُ الَّيْلُۚ نَسْلَخُ مِنْهُ النَّهَارَ
فَاِذَا هُمْ مُظْلِمُونَۙ ﴿٣٧﴾ وَالشَّمْسُ تَجْر۪ي لِمُسْتَقَرٍّ لَهَاۜ ذٰلِكَ
تَقْد۪يرُ الْعَز۪يزِ الْعَل۪يمِۜ ﴿٣٨﴾ وَالْقَمَرَ قَدَّرْنَاهُ مَنَازِلَ حَتّٰى
عَادَ كَالْعُرْجُونِ الْقَد۪يمِ ﴿٣٩﴾ لَا الشَّمْسُ يَنْبَغ۪ي لَهَٓا اَنْ تُدْرِكَ
الْقَمَرَ وَلَا الَّيْلُ سَابِقُ النَّهَارِۜ وَكُلٌّ ف۪ي فَلَكٍ يَسْبَحُونَ ﴿٤٠﴾

وَاٰيَةٌ لَهُمْ اَنَّا حَمَلْنَا ذُرِّيَّتَهُمْ فِي الْفُلْكِ الْمَشْحُونِۙ ﴿٤١﴾ وَخَلَقْنَا
لَهُمْ مِنْ مِثْلِهِ مَا يَرْكَبُونَ ﴿٤٢﴾ وَاِنْ نَشَاْ نُغْرِقْهُمْ فَلَا صَرِيخَ
لَهُمْ وَلَا هُمْ يُنْقَذُونَۙ ﴿٤٣﴾ اِلَّا رَحْمَةً مِنَّا وَمَتَاعًا اِلٰى حِينٍ
﴿٤٤﴾ وَاِذَا قِيلَ لَهُمُ اتَّقُوا مَا بَيْنَ اَيْدِيكُمْ وَمَا خَلْفَكُمْ
لَعَلَّكُمْ تُرْحَمُونَ ﴿٤٥﴾ وَمَا تَاْتِيهِمْ مِنْ اٰيَةٍ مِنْ اٰيَاتِ رَبِّهِمْ
اِلَّا كَانُوا عَنْهَا مُعْرِضِينَ ﴿٤٦﴾ وَاِذَا قِيلَ لَهُمْ اَنْفِقُوا مِمَّا رَزَقَكُمُ
اللّٰهُۙ قَالَ الَّذِينَ كَفَرُوا لِلَّذِينَ اٰمَنُوا اَنُطْعِمُ مَنْ لَوْ يَشَاءُ
اللّٰهُ اَطْعَمَهُۗ اِنْ اَنْتُمْ اِلَّا فِي ضَلَالٍ مُبِينٍ ﴿٤٧﴾ وَيَقُولُونَ مَتٰى هٰذَا
الْوَعْدُ اِنْ كُنْتُمْ صَادِقِينَ ﴿٤٨﴾ مَا يَنْظُرُونَ اِلَّا صَيْحَةً وَاحِدَةً
تَاْخُذُهُمْ وَهُمْ يَخِصِّمُونَ ﴿٤٩﴾ فَلَا يَسْتَطِيعُونَ تَوْصِيَةً وَلَا اِلٰى
اَهْلِهِمْ يَرْجِعُونَ ﴿٥٠﴾ وَنُفِخَ فِي الصُّورِ فَاِذَا هُمْ مِنَ الْاَجْدَاثِ اِلٰى رَبِّهِمْ
يَنْسِلُونَ ﴿٥١﴾ قَالُوا يَا وَيْلَنَا مَنْ بَعَثَنَا مِنْ مَرْقَدِنَاۜ هٰذَا مَا وَعَدَ
الرَّحْمٰنُ وَصَدَقَ الْمُرْسَلُونَ ﴿٥٢﴾ اِنْ كَانَتْ اِلَّا صَيْحَةً وَاحِدَةً
فَاِذَا هُمْ جَمِيعٌ لَدَيْنَا مُحْضَرُونَ ﴿٥٣﴾ فَالْيَوْمَ لَا تُظْلَمُ
نَفْسٌ شَيْـًٔا وَلَا تُجْزَوْنَ اِلَّا مَا كُنْتُمْ تَعْمَلُونَ ﴿٥٤﴾

اِنَّ اَصْحَابَ الْجَنَّةِ الْيَوْمَ فٖى شُغُلٍ فَاكِهُونَ ۚ ﴿٥٥﴾ هُمْ
وَ اَزْوَاجُهُمْ فٖى ظِلَالٍ عَلَى الْاَرَآئِكِ مُتَّكِؤُنَ ﴿٥٦﴾ لَهُمْ
فٖيهَا فَاكِهَةٌ وَ لَهُمْ مَا يَدَّعُونَ ۚ ﴿٥٧﴾ سَلَامٌ قَوْلًا مِنْ رَبٍّ
رَحٖيمٍ ﴿٥٨﴾ وَ امْتَازُوا الْيَوْمَ اَيُّهَا الْمُجْرِمُونَ ﴿٥٩﴾ اَلَمْ اَعْهَدْ
اِلَيْكُمْ يَا بَنٖٓى اٰدَمَ اَنْ لَا تَعْبُدُوا الشَّيْطَانَ ۚ اِنَّهُ لَكُمْ عَدُوٌّ
مُبٖينٌ ۙ ﴿٦٠﴾ وَ اَنِ اعْبُدُونٖى ۜ هٰذَا صِرَاطٌ مُسْتَقٖيمٌ ﴿٦١﴾ وَلَقَدْ اَضَلَّ
مِنْكُمْ جِبِلًّا كَثٖيرًا ۜ اَفَلَمْ تَكُونُوا تَعْقِلُونَ ﴿٦٢﴾ هٰذِهٖ
جَهَنَّمُ الَّتٖى كُنْتُمْ تُوعَدُونَ ﴿٦٣﴾ اِصْلَوْهَا الْيَوْمَ بِمَا كُنْتُمْ
تَكْفُرُونَ ﴿٦٤﴾ اَلْيَوْمَ نَخْتِمُ عَلٰٓى اَفْوَاهِهِمْ وَ تُكَلِّمُنَآ اَيْدٖيهِمْ
وَ تَشْهَدُ اَرْجُلُهُمْ بِمَا كَانُوا يَكْسِبُونَ ﴿٦٥﴾ وَلَوْ نَشَآءُ
لَطَمَسْنَا عَلٰٓى اَعْيُنِهِمْ فَاسْتَبَقُوا الصِّرَاطَ فَاَنّٰى يُبْصِرُونَ ﴿٦٦﴾
وَلَوْ نَشَآءُ لَمَسَخْنَاهُمْ عَلٰى مَكَانَتِهِمْ فَمَا اسْتَطَاعُوا مُضِيًّا
وَلَا يَرْجِعُونَ ع ﴿٦٧﴾ وَ مَنْ نُعَمِّرْهُ نُنَكِّسْهُ فِى الْخَلْقِ ۜ اَفَلَا يَعْقِلُونَ
﴿٦٨﴾ وَ مَا عَلَّمْنَاهُ الشِّعْرَ وَ مَا يَنْبَغٖى لَهُ ۜ اِنْ هُوَ اِلَّا ذِكْرٌ وَ قُرْاٰنٌ
مُبٖينٌ ۙ ﴿٦٩﴾ لِيُنْذِرَ مَنْ كَانَ حَيًّا وَ يَحِقَّ الْقَوْلُ عَلَى الْكَافِرٖينَ ﴿٧٠﴾

اَوَلَمْ يَرَوْا اَنَّا خَلَقْنَا لَهُمْ مِمَّا عَمِلَتْ اَيْدٖينَٓا اَنْعَامًا فَهُمْ لَهَا مَالِكُونَ
﴿٧١﴾ وَذَلَّلْنَاهَا لَهُمْ فَمِنْهَا رَكُوبُهُمْ وَمِنْهَا يَأْكُلُونَ ﴿٧٢﴾ وَلَهُمْ فٖيهَا
مَنَافِعُ وَمَشَارِبُۜ اَفَلَا يَشْكُرُونَ ﴿٧٣﴾ وَاتَّخَذُوا مِنْ دُونِ اللّٰهِ اٰلِهَةً
لَعَلَّهُمْ يُنْصَرُونَۜ ﴿٧٤﴾ لَا يَسْتَطٖيعُونَ نَصْرَهُمْۙ وَهُمْ لَهُمْ جُنْدٌ
مُحْضَرُونَ ﴿٧٥﴾ فَلَا يَحْزُنْكَ قَوْلُهُمْۢ اِنَّا نَعْلَمُ مَا يُسِرُّونَ وَمَا يُعْلِنُونَ ﴿٧٦﴾
اَوَلَمْ يَرَ الْاِنْسَانُ اَنَّا خَلَقْنَاهُ مِنْ نُطْفَةٍ فَاِذَا هُوَ خَصٖيمٌ مُبٖينٌ ﴿٧٧﴾
وَضَرَبَ لَنَا مَثَلًا وَنَسِيَ خَلْقَهُۜ قَالَ مَنْ يُحْيِ الْعِظَامَ وَهِيَ رَمٖيمٌ ﴿٧٨﴾
قُلْ يُحْيٖيهَا الَّذٖٓي اَنْشَاَهَٓا اَوَّلَ مَرَّةٍۜ وَهُوَ بِكُلِّ خَلْقٍ عَلٖيمٌۙ
﴿٧٩﴾ اَلَّذٖي جَعَلَ لَكُمْ مِنَ الشَّجَرِ الْاَخْضَرِ نَارًا فَاِذَٓا اَنْتُمْ
مِنْهُ تُوقِدُونَ ﴿٨٠﴾ اَوَلَيْسَ الَّذٖي خَلَقَ السَّمٰوَاتِ وَالْاَرْضَ
بِقَادِرٍ عَلٰٓى اَنْ يَخْلُقَ مِثْلَهُمْۜ بَلٰى وَهُوَ الْخَلَّاقُ الْعَلٖيمُ
﴿٨١﴾ اِنَّمَٓا اَمْرُهُٓ اِذَٓا اَرَادَ شَيْـًٔا اَنْ يَقُولَ لَهُ كُنْ فَيَكُونُ ﴿٨٢﴾
فَسُبْحَانَ الَّذٖي بِيَدِهٖ مَلَكُوتُ كُلِّ شَيْءٍ وَاِلَيْهِ تُرْجَعُونَ ﴿٨٣﴾

DUHÂN SÛRESİ

سُورَةُ الدُّخَانِ مَكِّيَّةٌ
وَهِيَ تِسْعٌ وَخَمْسُونَ اٰيَةً

بِسْمِ اللّٰهِ الرَّحْمٰنِ الرَّح۪يمِ

حٰمٓ ۚ ﴿١﴾ وَالْكِتَابِ الْمُب۪ينِ ۙ ﴿٢﴾ اِنَّٓا اَنْزَلْنَاهُ ف۪ي لَيْلَةٍ مُبَارَكَةٍ
اِنَّا كُنَّا مُنْذِر۪ينَ ﴿٣﴾ ف۪يهَا يُفْرَقُ كُلُّ اَمْرٍ حَك۪يمٍ ۜ ﴿٤﴾ اَمْرًا مِنْ
عِنْدِنَا ۜ اِنَّا كُنَّا مُرْسِل۪ينَ ۚ ﴿٥﴾ رَحْمَةً مِنْ رَبِّكَ ۜ اِنَّهُ هُوَ السَّم۪يعُ
الْعَل۪يمُ ۙ ﴿٦﴾ رَبِّ السَّمٰوَاتِ وَالْاَرْضِ وَمَا بَيْنَهُمَا ۢ اِنْ كُنْتُمْ مُوقِن۪ينَ
﴿٧﴾ لَٓا اِلٰهَ اِلَّا هُوَ يُحْي۪ وَيُم۪يتُ ۜ رَبُّكُمْ وَرَبُّ اٰبَٓائِكُمُ الْاَوَّل۪ينَ ﴿٨﴾
بَلْ هُمْ ف۪ي شَكٍّ يَلْعَبُونَ ﴿٩﴾ فَارْتَقِبْ يَوْمَ تَأْتِي السَّمَٓاءُ بِدُخَانٍ
مُب۪ينٍ ۙ ﴿١٠﴾ يَغْشَى النَّاسَ ۜ هٰذَا عَذَابٌ اَل۪يمٌ ﴿١١﴾ رَبَّنَا اكْشِفْ عَنَّا الْعَذَابَ
اِنَّا مُؤْمِنُونَ ﴿١٢﴾ اَنّٰى لَهُمُ الذِّكْرٰى وَقَدْ جَٓاءَهُمْ رَسُولٌ مُب۪ينٌ ۙ ﴿١٣﴾
ثُمَّ تَوَلَّوْا عَنْهُ وَقَالُوا مُعَلَّمٌ مَجْنُونٌ ۢ ﴿١٤﴾ اِنَّا كَاشِفُوا الْعَذَابِ
قَل۪يلًا اِنَّكُمْ عَٓائِدُونَ ۢ ﴿١٥﴾ يَوْمَ نَبْطِشُ الْبَطْشَةَ الْكُبْرٰى ۚ
اِنَّا مُنْتَقِمُونَ ﴿١٦﴾ وَلَقَدْ فَتَنَّا قَبْلَهُمْ قَوْمَ فِرْعَوْنَ وَجَٓاءَهُمْ
رَسُولٌ كَر۪يمٌ ۙ ﴿١٧﴾ اَنْ اَدُّٓوا اِلَيَّ عِبَادَ اللّٰهِ ۜ اِنّ۪ي لَكُمْ رَسُولٌ اَم۪ينٌ ۙ ﴿١٨﴾

وَاَنْ لَا تَعْلُوا عَلَى اللّٰهِۚ اِنّ۪ٓي اٰت۪يكُمْ بِسُلْطَانٍ مُب۪ينٍۚ ﴿١٩﴾
وَاِنّ۪ي عُذْتُ بِرَبّ۪ي وَرَبِّكُمْ اَنْ تَرْجُمُونِۘ ﴿٢٠﴾ وَاِنْ لَمْ تُؤْمِنُوا ل۪ي
فَاعْتَزِلُونِ ﴿٢١﴾ فَدَعَا رَبَّهُٓ اَنَّ هٰٓؤُلَٓاءِ قَوْمٌ مُجْرِمُونَ ﴿٢٢﴾ فَاَسْرِ
بِعِبَاد۪ي لَيْلًا اِنَّكُمْ مُتَّبَعُونَۙ ﴿٢٣﴾ وَاتْرُكِ الْبَحْرَ رَهْوًاۜ اِنَّهُمْ جُنْدٌ
مُغْرَقُونَ ﴿٢٤﴾ كَمْ تَرَكُوا مِنْ جَنَّاتٍ وَعُيُونٍۙ ﴿٢٥﴾ وَزُرُوعٍ وَمَقَامٍ
كَر۪يمٍۙ ﴿٢٦﴾ وَنَعْمَةٍ كَانُوا ف۪يهَا فَاكِه۪ينَۙ ﴿٢٧﴾ كَذٰلِكَ۠ وَاَوْرَثْنَاهَا
قَوْمًا اٰخَر۪ينَ ﴿٢٨﴾ فَمَا بَكَتْ عَلَيْهِمُ السَّمَٓاءُ وَالْاَرْضُ وَمَا كَانُوا
مُنْظَر۪ينَ ﴿٢٩﴾ وَلَقَدْ نَجَّيْنَا بَن۪ٓي اِسْرَٓائ۪لَ مِنَ الْعَذَابِ الْمُه۪ينِۙ ﴿٣٠﴾ مِنْ
فِرْعَوْنَۜ اِنَّهُ كَانَ عَالِيًا مِنَ الْمُسْرِف۪ينَ ﴿٣١﴾ وَلَقَدِ اخْتَرْنَاهُمْ عَلٰى عِلْمٍ
عَلَى الْعَالَم۪ينَۚ ﴿٣٢﴾ وَاٰتَيْنَاهُمْ مِنَ الْاٰيَاتِ مَا ف۪يهِ بَلٰٓؤٌا مُب۪ينٌ ﴿٣٣﴾
اِنَّ هٰٓؤُلَٓاءِ لَيَقُولُونَۙ ﴿٣٤﴾ اِنْ هِيَ اِلَّا مَوْتَتُنَا الْاُو۫لٰى وَمَا نَحْنُ
بِمُنْشَر۪ينَ ﴿٣٥﴾ فَاْتُوا بِاٰبَٓائِنَٓا اِنْ كُنْتُمْ صَادِق۪ينَ ﴿٣٦﴾ اَهُمْ خَيْرٌ اَمْ
قَوْمُ تُبَّعٍۙ وَالَّذ۪ينَ مِنْ قَبْلِهِمْۜ اَهْلَكْنَاهُمْۘ اِنَّهُمْ كَانُوا
مُجْرِم۪ينَ ﴿٣٧﴾ وَمَا خَلَقْنَا السَّمٰوَاتِ وَالْاَرْضَ وَمَا بَيْنَهُمَا لَاعِب۪ينَ
﴿٣٨﴾ مَا خَلَقْنَاهُمَٓا اِلَّا بِالْحَقِّ وَلٰكِنَّ اَكْثَرَهُمْ لَا يَعْلَمُونَ ﴿٣٩﴾

إِنَّ يَوْمَ الْفَصْلِ مِيقَاتُهُمْ أَجْمَعِينَ ﴿٤٠﴾ يَوْمَ لَا يُغْنِي مَوْلًى
عَنْ مَوْلًى شَيْئًا وَلَا هُمْ يُنْصَرُونَ ﴿٤١﴾ إِلَّا مَنْ رَحِمَ اللَّهُ
إِنَّهُ هُوَ الْعَزِيزُ الرَّحِيمُ ﴿٤٢﴾ إِنَّ شَجَرَتَ الزَّقُّومِ ﴿٤٣﴾ طَعَامُ
الْأَثِيمِ ﴿٤٤﴾ كَالْمُهْلِ يَغْلِي فِي الْبُطُونِ ﴿٤٥﴾ كَغَلْيِ الْحَمِيمِ ﴿٤٦﴾
خُذُوهُ فَاعْتِلُوهُ إِلَىٰ سَوَاءِ الْجَحِيمِ ﴿٤٧﴾ ثُمَّ صُبُّوا فَوْقَ رَأْسِهِ
مِنْ عَذَابِ الْحَمِيمِ ﴿٤٨﴾ ذُقْ إِنَّكَ أَنْتَ الْعَزِيزُ الْكَرِيمُ ﴿٤٩﴾
إِنَّ هَٰذَا مَا كُنْتُمْ بِهِ تَمْتَرُونَ ﴿٥٠﴾ إِنَّ الْمُتَّقِينَ فِي مَقَامٍ أَمِينٍ ﴿٥١﴾
فِي جَنَّاتٍ وَعُيُونٍ ﴿٥٢﴾ يَلْبَسُونَ مِنْ سُنْدُسٍ وَإِسْتَبْرَقٍ
مُتَقَابِلِينَ ﴿٥٣﴾ كَذَٰلِكَ وَزَوَّجْنَاهُمْ بِحُورٍ عِينٍ ﴿٥٤﴾ يَدْعُونَ
فِيهَا بِكُلِّ فَاكِهَةٍ آمِنِينَ ﴿٥٥﴾ لَا يَذُوقُونَ فِيهَا الْمَوْتَ إِلَّا
الْمَوْتَةَ الْأُولَىٰ وَوَقَاهُمْ عَذَابَ الْجَحِيمِ ﴿٥٦﴾ فَضْلًا مِنْ رَبِّكَ
ذَٰلِكَ هُوَ الْفَوْزُ الْعَظِيمُ ﴿٥٧﴾ فَإِنَّمَا يَسَّرْنَاهُ بِلِسَانِكَ
لَعَلَّهُمْ يَتَذَكَّرُونَ ﴿٥٨﴾ فَارْتَقِبْ إِنَّهُمْ مُرْتَقِبُونَ ﴿٥٩﴾

سُورَةُ الْفَتْحِ مَدَنِيَّةٌ
وَهِيَ تِسْعٌ وَعِشْرُونَ اٰيَةً

بِسْمِ اللّٰهِ الرَّحْمٰنِ الرَّح۪يمِ

اِنَّا فَتَحْنَا لَكَ فَتْحاً مُب۪يناًۙ ﴿١﴾ لِيَغْفِرَ لَكَ اللّٰهُ مَا تَقَدَّمَ مِنْ
ذَنْبِكَ وَمَا تَاَخَّرَ وَيُتِمَّ نِعْمَتَهُ عَلَيْكَ وَيَهْدِيَكَ صِرَاطاً مُسْتَق۪يماًۙ
﴿٢﴾ وَيَنْصُرَكَ اللّٰهُ نَصْراً عَز۪يزاً ﴿٣﴾ هُوَ الَّذ۪ٓي اَنْزَلَ السَّك۪ينَةَ ف۪ي
قُلُوبِ الْمُؤْمِن۪ينَ لِيَزْدَادُٓوا ا۪يمَاناً مَعَ ا۪يمَانِهِمْۜ وَلِلّٰهِ جُنُودُ السَّمٰوَاتِ
وَالْاَرْضِۜ وَكَانَ اللّٰهُ عَل۪يماً حَك۪يماًۙ ﴿٤﴾ لِيُدْخِلَ الْمُؤْمِن۪ينَ وَالْمُؤْمِنَاتِ
جَنَّاتٍ تَجْر۪ي مِنْ تَحْتِهَا الْاَنْهَارُ خَالِد۪ينَ ف۪يهَا وَيُكَفِّرَ عَنْهُمْ سَيِّـَٔاتِهِمْۜ
وَكَانَ ذٰلِكَ عِنْدَ اللّٰهِ فَوْزاً عَظ۪يماًۙ ﴿٥﴾ وَيُعَذِّبَ الْمُنَافِق۪ينَ
وَالْمُنَافِقَاتِ وَالْمُشْرِك۪ينَ وَالْمُشْرِكَاتِ الظَّٓانّ۪ينَ بِاللّٰهِ ظَنَّ السَّوْءِۜ
عَلَيْهِمْ دَٓائِرَةُ السَّوْءِۚ وَغَضِبَ اللّٰهُ عَلَيْهِمْ وَلَعَنَهُمْ وَاَعَدَّ لَهُمْ
جَهَنَّمَۜ وَسَٓاءَتْ مَص۪يراً ﴿٦﴾ وَلِلّٰهِ جُنُودُ السَّمٰوَاتِ وَالْاَرْضِۜ وَكَانَ
اللّٰهُ عَز۪يزاً حَك۪يماً ﴿٧﴾ اِنَّٓا اَرْسَلْنَاكَ شَاهِداً وَمُبَشِّراً وَنَذ۪يراًۙ ﴿٨﴾ لِتُؤْمِنُوا
بِاللّٰهِ وَرَسُولِه۪ وَتُعَزِّرُوهُ وَتُوَقِّرُوهُۜ وَتُسَبِّحُوهُ بُكْرَةً وَاَص۪يلاً ﴿٩﴾

إِنَّ الَّذِينَ يُبَايِعُونَكَ إِنَّمَا يُبَايِعُونَ اللّٰهَ يَدُ اللّٰهِ فَوْقَ أَيْدِيهِمْ
فَمَنْ نَكَثَ فَإِنَّمَا يَنْكُثُ عَلٰى نَفْسِهِ وَمَنْ أَوْفٰى بِمَا عَاهَدَ عَلَيْهُ اللّٰهَ
فَسَيُؤْتِيهِ أَجْرًا عَظِيمًا ﴿١٠﴾ سَيَقُولُ لَكَ الْمُخَلَّفُونَ مِنَ الْأَعْرَابِ شَغَلَتْنَا
أَمْوَالُنَا وَأَهْلُونَا فَاسْتَغْفِرْ لَنَا يَقُولُونَ بِأَلْسِنَتِهِمْ مَا لَيْسَ فِي
قُلُوبِهِمْ قُلْ فَمَنْ يَمْلِكُ لَكُمْ مِنَ اللّٰهِ شَيْئًا إِنْ أَرَادَ بِكُمْ ضَرًّا
أَوْ أَرَادَ بِكُمْ نَفْعًا بَلْ كَانَ اللّٰهُ بِمَا تَعْمَلُونَ خَبِيرًا ﴿١١﴾
بَلْ ظَنَنْتُمْ أَنْ لَنْ يَنْقَلِبَ الرَّسُولُ وَالْمُؤْمِنُونَ إِلٰى أَهْلِيهِمْ
أَبَدًا وَزُيِّنَ ذٰلِكَ فِي قُلُوبِكُمْ وَظَنَنْتُمْ ظَنَّ السَّوْءِ وَكُنْتُمْ
قَوْمًا بُورًا ﴿١٢﴾ وَمَنْ لَمْ يُؤْمِنْ بِاللّٰهِ وَرَسُولِهِ فَإِنَّا أَعْتَدْنَا
لِلْكَافِرِينَ سَعِيرًا ﴿١٣﴾ وَلِلّٰهِ مُلْكُ السَّمٰوَاتِ وَالْأَرْضِ
يَغْفِرُ لِمَنْ يَشَاءُ وَيُعَذِّبُ مَنْ يَشَاءُ وَكَانَ اللّٰهُ غَفُورًا رَحِيمًا
﴿١٤﴾ سَيَقُولُ الْمُخَلَّفُونَ إِذَا انْطَلَقْتُمْ إِلٰى مَغَانِمَ لِتَأْخُذُوهَا
ذَرُونَا نَتَّبِعْكُمْ يُرِيدُونَ أَنْ يُبَدِّلُوا كَلَامَ اللّٰهِ
قُلْ لَنْ تَتَّبِعُونَا كَذٰلِكُمْ قَالَ اللّٰهُ مِنْ قَبْلُ فَسَيَقُولُونَ
بَلْ تَحْسُدُونَنَا بَلْ كَانُوا لَا يَفْقَهُونَ إِلَّا قَلِيلًا ﴿١٥﴾

قُلْ لِلْمُخَلَّفٖينَ مِنَ الْاَعْرَابِ سَتُدْعَوْنَ اِلٰى قَوْمٍ اُو۬لٖى بَأْسٍ شَدٖيدٍ
تُقَاتِلُونَهُمْ اَوْ يُسْلِمُونَۚ فَاِنْ تُطٖيعُوا يُؤْتِكُمُ اللّٰهُ اَجْرًا حَسَنًاۚ وَاِنْ
تَتَوَلَّوْا كَمَا تَوَلَّيْتُمْ مِنْ قَبْلُ يُعَذِّبْكُمْ عَذَابًا اَلٖيمًا ﴿١٦﴾ لَيْسَ عَلَى
الْاَعْمٰى حَرَجٌ وَلَا عَلَى الْاَعْرَجِ حَرَجٌ وَلَا عَلَى الْمَرٖيضِ حَرَجٌۜ وَمَنْ يُطِعِ
اللّٰهَ وَرَسُولَهُ يُدْخِلْهُ جَنَّاتٍ تَجْرٖى مِنْ تَحْتِهَا الْاَنْهَارُۚ وَمَنْ
يَتَوَلَّ يُعَذِّبْهُ عَذَابًا اَلٖيمًاۼ ﴿١٧﴾ لَقَدْ رَضِىَ اللّٰهُ عَنِ الْمُؤْمِنٖينَ
اِذْ يُبَايِعُونَكَ تَحْتَ الشَّجَرَةِ فَعَلِمَ مَا فٖى قُلُوبِهِمْ فَاَنْزَلَ السَّكٖينَةَ
عَلَيْهِمْ وَاَثَابَهُمْ فَتْحًا قَرٖيبًاۙ ﴿١٨﴾ وَمَغَانِمَ كَثٖيرَةً يَأْخُذُونَهَاۜ وَكَانَ
اللّٰهُ عَزٖيزًا حَكٖيمًا ﴿١٩﴾ وَعَدَكُمُ اللّٰهُ مَغَانِمَ كَثٖيرَةً
تَأْخُذُونَهَا فَعَجَّلَ لَكُمْ هٰذِهٖ وَكَفَّ اَيْدِىَ النَّاسِ عَنْكُمْۚ
وَلِتَكُونَ اٰيَةً لِلْمُؤْمِنٖينَ وَيَهْدِيَكُمْ صِرَاطًا مُسْتَقٖيمًاۙ
﴿٢٠﴾ وَاُخْرٰى لَمْ تَقْدِرُوا عَلَيْهَا قَدْ اَحَاطَ اللّٰهُ بِهَاۜ وَكَانَ
اللّٰهُ عَلٰى كُلِّ شَىْءٍ قَدٖيرًا ﴿٢١﴾ وَلَوْ قَاتَلَكُمُ الَّذٖينَ كَفَرُوا
لَوَلَّوُا الْاَدْبَارَ ثُمَّ لَا يَجِدُونَ وَلِيًّا وَلَا نَصٖيرًا ﴿٢٢﴾ سُنَّةَ
اللّٰهِ الَّتٖى قَدْ خَلَتْ مِنْ قَبْلُۚ وَلَنْ تَجِدَ لِسُنَّةِ اللّٰهِ تَبْدٖيلًا ﴿٢٣﴾

وَهُوَ الَّذ۪ي كَفَّ اَيْدِيَهُمْ عَنْكُمْ وَاَيْدِيَكُمْ عَنْهُمْ بِبَطْنِ مَكَّةَ
مِنْ بَعْدِ اَنْ اَظْفَرَكُمْ عَلَيْهِمْۜ وَكَانَ اللّٰهُ بِمَا تَعْمَلُونَ بَص۪يرًا
﴿٢٤﴾ هُمُ الَّذ۪ينَ كَفَرُوا وَصَدُّوكُمْ عَنِ الْمَسْجِدِ الْحَرَامِ وَالْهَدْيَ
مَعْكُوفًا اَنْ يَبْلُغَ مَحِلَّهُۜ وَلَوْلَا رِجَالٌ مُؤْمِنُونَ وَنِسَٓاءٌ مُؤْمِنَاتٌ
لَمْ تَعْلَمُوهُمْ اَنْ تَطَؤُ۫هُمْ فَتُص۪يبَكُمْ مِنْهُمْ مَعَرَّةٌ بِغَيْرِ
عِلْمٍۚ لِيُدْخِلَ اللّٰهُ ف۪ي رَحْمَتِه۪ مَنْ يَشَٓاءُۚ لَوْ تَزَيَّلُوا لَعَذَّبْنَا
الَّذ۪ينَ كَفَرُوا مِنْهُمْ عَذَابًا اَل۪يمًا ﴿٢٥﴾ اِذْ جَعَلَ الَّذ۪ينَ كَفَرُوا ف۪ي
قُلُوبِهِمُ الْحَمِيَّةَ حَمِيَّةَ الْجَاهِلِيَّةِ فَاَنْزَلَ اللّٰهُ سَك۪ينَتَهُ عَلٰى
رَسُولِه۪ وَعَلَى الْمُؤْمِن۪ينَ وَاَلْزَمَهُمْ كَلِمَةَ التَّقْوٰى
وَكَانُٓوا اَحَقَّ بِهَا وَاَهْلَهَاۜ وَكَانَ اللّٰهُ بِكُلِّ شَيْءٍ عَل۪يمًا ع
﴿٢٦﴾ لَقَدْ صَدَقَ اللّٰهُ رَسُولَهُ الرُّءْيَا بِالْحَقِّۚ لَتَدْخُلُنَّ الْمَسْجِدَ
الْحَرَامَ اِنْ شَٓاءَ اللّٰهُ اٰمِن۪ينَۙ مُحَلِّق۪ينَ رُؤُ۫سَكُمْ وَمُقَصِّر۪ينَۙ
لَا تَخَافُونَۜ فَعَلِمَ مَا لَمْ تَعْلَمُوا فَجَعَلَ مِنْ دُونِ ذٰلِكَ
فَتْحًا قَر۪يبًا ﴿٢٧﴾ هُوَ الَّذ۪ٓي اَرْسَلَ رَسُولَهُ بِالْهُدٰى وَد۪ينِ الْحَقِّ
لِيُظْهِرَهُ عَلَى الدّ۪ينِ كُلِّه۪ۜ وَكَفٰى بِاللّٰهِ شَه۪يدًاۜ ﴿٢٨﴾

مُحَمَّدٌ رَسُولُ اللّٰهِ ؕ وَالَّذ۪ينَ مَعَهُٓ اَشِدَّٓاءُ عَلَى الْكُفَّارِ رُحَمَٓاءُ بَيْنَهُمْ
تَرٰيهُمْ رُكَّعاً سُجَّداً يَبْتَغُونَ فَضْلاً مِنَ اللّٰهِ وَرِضْوَاناًؗ سِيمَاهُمْ
ف۪ي وُجُوهِهِمْ مِنْ اَثَرِ السُّجُودِ ؕ ذٰلِكَ مَثَلُهُمْ فِي التَّوْرٰيةِ ۚ
وَمَثَلُهُمْ فِي الْاِنْج۪يلِ ۚ كَزَرْعٍ اَخْرَجَ شَطْـَٔهُ فَاٰزَرَهُ فَاسْتَغْلَظَ
فَاسْتَوٰى عَلٰى سُوقِه۪ يُعْجِبُ الزُّرَّاعَ لِيَغ۪يظَ بِهِمُ الْكُفَّارَ ؕ وَعَدَ
اللّٰهُ الَّذ۪ينَ اٰمَنُوا وَعَمِلُوا الصَّالِحَاتِ مِنْهُمْ مَغْفِرَةً وَاَجْراً عَظ۪يماً ﴿٢٩﴾

سُورَةُ الرَّحْمٰنِ مَكِّيَّةٌ وَهِيَ ثَمَانٍ وَسَبْعُونَ اٰيَةً

بِسْمِ اللّٰهِ الرَّحْمٰنِ الرَّح۪يمِ

اَلرَّحْمٰنُۙ ﴿١﴾ عَلَّمَ الْقُرْاٰنَ ؕ ﴿٢﴾ خَلَقَ الْاِنْسَانَۙ ﴿٣﴾ عَلَّمَهُ الْبَيَانَ ﴿٤﴾
اَلشَّمْسُ وَالْقَمَرُ بِحُسْبَانٍۖ ﴿٥﴾ وَالنَّجْمُ وَالشَّجَرُ يَسْجُدَانِ ﴿٦﴾
وَالسَّمَٓاءَ رَفَعَهَا وَوَضَعَ الْم۪يزَانَۙ ﴿٧﴾ اَلَّا تَطْغَوْا فِي الْم۪يزَانِ ﴿٨﴾
وَاَق۪يمُوا الْوَزْنَ بِالْقِسْطِ وَلَا تُخْسِرُوا الْم۪يزَانَ ﴿٩﴾ وَالْاَرْضَ
وَضَعَهَا لِلْاَنَامِۙ ﴿١٠﴾ ف۪يهَا فَاكِهَةٌۖ وَالنَّخْلُ ذَاتُ الْاَكْمَامِ ﴿١١﴾
وَالْحَبُّ ذُو الْعَصْفِ وَالرَّيْحَانُ ۚ ﴿١٢﴾ فَبِاَيِّ اٰلَٓاءِ رَبِّكُمَا تُكَذِّبَانِ ﴿١٣﴾
خَلَقَ الْاِنْسَانَ مِنْ صَلْصَالٍ كَالْفَخَّارِۙ ﴿١٤﴾ وَخَلَقَ
الْجَٓانَّ مِنْ مَارِجٍ مِنْ نَارٍ ۚ ﴿١٥﴾ فَبِاَيِّ اٰلَٓاءِ رَبِّكُمَا تُكَذِّبَانِ ﴿١٦﴾

رَبُّ الْمَشْرِقَيْنِ وَرَبُّ الْمَغْرِبَيْنِۚ ﴿١٧﴾ فَبِاَيِّ اٰلَٓاءِ رَبِّكُمَا تُكَذِّبَانِ ﴿١٨﴾
مَرَجَ الْبَحْرَيْنِ يَلْتَقِيَانِۙ ﴿١٩﴾ بَيْنَهُمَا بَرْزَخٌ لَا يَبْغِيَانِۚ ﴿٢٠﴾
فَبِاَيِّ اٰلَٓاءِ رَبِّكُمَا تُكَذِّبَانِ ﴿٢١﴾ يَخْرُجُ مِنْهُمَا اللُّؤْلُؤُ وَالْمَرْجَانُۚ ﴿٢٢﴾
فَبِاَيِّ اٰلَٓاءِ رَبِّكُمَا تُكَذِّبَانِ ﴿٢٣﴾ وَلَهُ الْجَوَارِ الْمُنْشَاٰتُ فِي الْبَحْرِ كَالْاَعْلَامِۚ ﴿٢٤﴾
فَبِاَيِّ اٰلَٓاءِ رَبِّكُمَا تُكَذِّبَانِ ﴿٢٥﴾ كُلُّ مَنْ عَلَيْهَا فَانٍۚ ﴿٢٦﴾ وَيَبْقٰى وَجْهُ
رَبِّكَ ذُو الْجَلَالِ وَالْاِكْرَامِۚ ﴿٢٧﴾ فَبِاَيِّ اٰلَٓاءِ رَبِّكُمَا تُكَذِّبَانِ ﴿٢٨﴾
يَسْـَٔلُهُ مَنْ فِي السَّمٰوَاتِ وَالْاَرْضِۜ كُلَّ يَوْمٍ هُوَ فِي شَاْنٍۚ ﴿٢٩﴾
فَبِاَيِّ اٰلَٓاءِ رَبِّكُمَا تُكَذِّبَانِ ﴿٣٠﴾ سَنَفْرُغُ لَكُمْ اَيُّهَ الثَّقَلَانِۚ ﴿٣١﴾
فَبِاَيِّ اٰلَٓاءِ رَبِّكُمَا تُكَذِّبَانِ ﴿٣٢﴾ يَا مَعْشَرَ الْجِنِّ وَالْاِنْسِ اِنِ اسْتَطَعْتُمْ
اَنْ تَنْفُذُوا مِنْ اَقْطَارِ السَّمٰوَاتِ وَالْاَرْضِ فَانْفُذُواۜ لَا تَنْفُذُونَ اِلَّا بِسُلْطَانٍۚ ﴿٣٣﴾
فَبِاَيِّ اٰلَٓاءِ رَبِّكُمَا تُكَذِّبَانِ ﴿٣٤﴾ يُرْسَلُ عَلَيْكُمَا شُوَاظٌ مِنْ
نَارٍ وَنُحَاسٌ فَلَا تَنْتَصِرَانِۚ ﴿٣٥﴾ فَبِاَيِّ اٰلَٓاءِ رَبِّكُمَا تُكَذِّبَانِ ﴿٣٦﴾
فَاِذَا انْشَقَّتِ السَّمَٓاءُ فَكَانَتْ وَرْدَةً كَالدِّهَانِۚ ﴿٣٧﴾
فَبِاَيِّ اٰلَٓاءِ رَبِّكُمَا تُكَذِّبَانِ ﴿٣٨﴾ فَيَوْمَئِذٍ لَا يُسْـَٔلُ عَنْ
ذَنْبِهٖٓ اِنْسٌ وَلَا جَٓانٌّۚ ﴿٣٩﴾ فَبِاَيِّ اٰلَٓاءِ رَبِّكُمَا تُكَذِّبَانِ ﴿٤٠﴾

يُعْرَفُ الْمُجْرِمُونَ بِسٖيمٰيهُمْ فَيُؤْخَذُ بِالنَّوَاصٖى وَ الْاَقْدَامِ ج ﴿٤١﴾
فَبِاَىِّ اٰلَاۤءِ رَبِّكُمَا تُكَذِّبَانِ ﴿٤٢﴾ هٰذِهٖ جَهَنَّمُ الَّتٖى يُكَذِّبُ بِهَا الْمُجْرِمُونَ ﴿٤٣﴾
يَطُوفُونَ بَيْنَهَا وَ بَيْنَ حَمٖيمٍ اٰنٍ ج ﴿٤٤﴾ فَبِاَىِّ اٰلَاۤءِ رَبِّكُمَا تُكَذِّبَانِ ع ﴿٤٥﴾
وَلِمَنْ خَافَ مَقَامَ رَبِّهٖ جَنَّتَانِ ج ﴿٤٦﴾ فَبِاَىِّ اٰلَاۤءِ رَبِّكُمَا تُكَذِّبَانِ لا ﴿٤٧﴾
ذَوَاتَاۤ اَفْنَانٍ ج ﴿٤٨﴾ فَبِاَىِّ اٰلَاۤءِ رَبِّكُمَا تُكَذِّبَانِ ﴿٤٩﴾
فٖيهِمَا عَيْنَانِ تَجْرِيَانِ ج ﴿٥٠﴾ فَبِاَىِّ اٰلَاۤءِ رَبِّكُمَا تُكَذِّبَانِ ﴿٥١﴾
فٖيهِمَا مِنْ كُلِّ فَاكِهَةٍ زَوْجَانِ ج ﴿٥٢﴾ فَبِاَىِّ اٰلَاۤءِ رَبِّكُمَا تُكَذِّبَانِ ﴿٥٣﴾
مُتَّكِئٖينَ عَلٰى فُرُشٍ بَطَاۤئِنُهَا مِنْ اِسْتَبْرَقٍ ط وَ جَنَا الْجَنَّتَيْنِ دَانٍ ج ﴿٥٤﴾
فَبِاَىِّ اٰلَاۤءِ رَبِّكُمَا تُكَذِّبَانِ ﴿٥٥﴾ فٖيهِنَّ قَاصِرَاتُ الطَّرْفِ لا لَمْ يَطْمِثْهُنَّ
اِنْسٌ قَبْلَهُمْ وَ لَا جَاۤنٌّ ج ﴿٥٦﴾ فَبِاَىِّ اٰلَاۤءِ رَبِّكُمَا تُكَذِّبَانِ ج ﴿٥٧﴾
كَاَنَّهُنَّ الْيَاقُوتُ وَ الْمَرْجَانُ ج ﴿٥٨﴾ فَبِاَىِّ اٰلَاۤءِ رَبِّكُمَا تُكَذِّبَانِ ﴿٥٩﴾
هَلْ جَزَاۤءُ الْاِحْسَانِ اِلَّا الْاِحْسَانُ ج ﴿٦٠﴾ فَبِاَىِّ اٰلَاۤءِ رَبِّكُمَا تُكَذِّبَانِ ﴿٦١﴾
وَ مِنْ دُونِهِمَا جَنَّتَانِ ج ﴿٦٢﴾ فَبِاَىِّ اٰلَاۤءِ رَبِّكُمَا تُكَذِّبَانِ لا ﴿٦٣﴾
مُدْهَاۤمَّتَانِ ج ﴿٦٤﴾ فَبِاَىِّ اٰلَاۤءِ رَبِّكُمَا تُكَذِّبَانِ ج ﴿٦٥﴾
فٖيهِمَا عَيْنَانِ نَضَّاخَتَانِ ج ﴿٦٦﴾ فَبِاَىِّ اٰلَاۤءِ رَبِّكُمَا تُكَذِّبَانِ ج ﴿٦٧﴾

فِيهِمَا فَاكِهَةٌ وَنَخْلٌ وَرُمَّانٌ ۚ ﴿٦٨﴾ فَبِاَيِّ اٰلَاۤءِ رَبِّكُمَا تُكَذِّبَانِ ۚ ﴿٦٩﴾
فِيهِنَّ خَيْرَاتٌ حِسَانٌ ۚ ﴿٧٠﴾ فَبِاَيِّ اٰلَاۤءِ رَبِّكُمَا تُكَذِّبَانِ ۚ ﴿٧١﴾
حُورٌ مَقْصُورَاتٌ فِي الْخِيَامِ ۚ ﴿٧٢﴾ فَبِاَيِّ اٰلَاۤءِ رَبِّكُمَا تُكَذِّبَانِ ۚ ﴿٧٣﴾
لَمْ يَطْمِثْهُنَّ اِنْسٌ قَبْلَهُمْ وَلَا جَآنٌّ ۚ ﴿٧٤﴾ فَبِاَيِّ اٰلَاۤءِ رَبِّكُمَا تُكَذِّبَانِ ۚ ﴿٧٥﴾
مُتَّكِـِٔينَ عَلٰى رَفْرَفٍ خُضْرٍ وَعَبْقَرِيٍّ حِسَانٍ ۚ ﴿٧٦﴾ فَبِاَيِّ اٰلَاۤءِ رَبِّكُمَا تُكَذِّبَانِ ﴿٧٧﴾
تَبَارَكَ اسْمُ رَبِّكَ ذِي الْجَلَالِ وَالْاِكْرَامِ ﴿٧٨﴾

سُورَةُ الْوَاقِعَةِ مَكِّيَّةٌ
وَهِيَ سِتٌّ وَتِسْعُونَ اٰيَةً

بِسْمِ اللّٰهِ الرَّحْمٰنِ الرَّح۪يمِ

اِذَا وَقَعَتِ الْوَاقِعَةُ ۙ ﴿١﴾ لَيْسَ لِوَقْعَتِهَا كَاذِبَةٌ ۘ ﴿٢﴾ خَافِضَةٌ رَافِعَةٌ ۙ ﴿٣﴾
اِذَا رُجَّتِ الْاَرْضُ رَجًّا ۙ ﴿٤﴾ وَبُسَّتِ الْجِبَالُ بَسًّا ۙ ﴿٥﴾ فَكَانَتْ هَبَاۤءً مُنْبَثًّا ۙ
﴿٦﴾ وَكُنْتُمْ اَزْوَاجًا ثَلٰثَةً ۗ ﴿٧﴾ فَاَصْحَابُ الْمَيْمَنَةِ مَاۤ اَصْحَابُ الْمَيْمَنَةِ ۗ ﴿٨﴾
وَاَصْحَابُ الْمَشْـَٔمَةِ مَاۤ اَصْحَابُ الْمَشْـَٔمَةِ ۗ ﴿٩﴾ وَالسَّابِقُونَ السَّابِقُونَ ۙ ﴿١٠﴾
اُو۬لٰۤئِكَ الْمُقَرَّبُونَ ۚ ﴿١١﴾ فِي جَنَّاتِ النَّعِيمِ ﴿١٢﴾ ثُلَّةٌ مِنَ الْاَوَّل۪ينَ ۙ ﴿١٣﴾ وَقَل۪يلٌ
مِنَ الْاٰخِر۪ينَ ۗ ﴿١٤﴾ عَلٰى سُرُرٍ مَوْضُونَةٍ ۙ ﴿١٥﴾ مُتَّكِـ۪ٔينَ عَلَيْهَا مُتَقَابِل۪ينَ ﴿١٦﴾

VÂKIA SÛRESİ

يَطُوفُ عَلَيْهِمْ وِلْدَانٌ مُخَلَّدُونَ ﴿١٧﴾ بِاَكْوَابٍ وَاَبَارِيقَ وَكَاْسٍ مِنْ مَعِينٍ
﴿١٨﴾ لَا يُصَدَّعُونَ عَنْهَا وَلَا يُنْزِفُونَ ﴿١٩﴾ وَفَاكِهَةٍ مِمَّا يَتَخَيَّرُونَ ﴿٢٠﴾
وَلَحْمِ طَيْرٍ مِمَّا يَشْتَهُونَ ﴿٢١﴾ وَحُورٌ عِينٌ ﴿٢٢﴾ كَاَمْثَالِ اللُّؤْلُؤِ الْمَكْنُونِ ﴿٢٣﴾
جَزَٓاءً بِمَا كَانُوا يَعْمَلُونَ ﴿٢٤﴾ لَا يَسْمَعُونَ فِيهَا لَغْوًا وَلَا تَاْثِيمًا ﴿٢٥﴾
اِلَّا قِيلًا سَلَامًا سَلَامًا ﴿٢٦﴾ وَاَصْحَابُ الْيَمِينِ مَٓا اَصْحَابُ الْيَمِينِ ﴿٢٧﴾
فِي سِدْرٍ مَخْضُودٍ ﴿٢٨﴾ وَطَلْحٍ مَنْضُودٍ ﴿٢٩﴾ وَظِلٍّ مَمْدُودٍ ﴿٣٠﴾ وَمَٓاءٍ
مَسْكُوبٍ ﴿٣١﴾ وَفَاكِهَةٍ كَثِيرَةٍ ﴿٣٢﴾ لَا مَقْطُوعَةٍ وَلَا مَمْنُوعَةٍ ﴿٣٣﴾
وَفُرُشٍ مَرْفُوعَةٍ ﴿٣٤﴾ اِنَّٓا اَنْشَاْنَاهُنَّ اِنْشَٓاءً ﴿٣٥﴾ فَجَعَلْنَاهُنَّ
اَبْكَارًا ﴿٣٦﴾ عُرُبًا اَتْرَابًا ﴿٣٧﴾ لِاَصْحَابِ الْيَمِينِ ﴿٣٨﴾ ثُلَّةٌ مِنَ الْاَوَّلِينَ
﴿٣٩﴾ وَثُلَّةٌ مِنَ الْاٰخِرِينَ ﴿٤٠﴾ وَاَصْحَابُ الشِّمَالِ مَٓا اَصْحَابُ الشِّمَالِ ﴿٤١﴾
فِي سَمُومٍ وَحَمِيمٍ ﴿٤٢﴾ وَظِلٍّ مِنْ يَحْمُومٍ ﴿٤٣﴾ لَا بَارِدٍ وَلَا كَرِيمٍ ﴿٤٤﴾
اِنَّهُمْ كَانُوا قَبْلَ ذٰلِكَ مُتْرَفِينَ ﴿٤٥﴾ وَكَانُوا يُصِرُّونَ عَلَى
الْحِنْثِ الْعَظِيمِ ﴿٤٦﴾ وَكَانُوا يَقُولُونَ اَئِذَا مِتْنَا وَكُنَّا تُرَابًا
وَعِظَامًا ءَاِنَّا لَمَبْعُوثُونَ ﴿٤٧﴾ اَوَ اٰبَٓاؤُنَا الْاَوَّلُونَ ﴿٤٨﴾ قُلْ اِنَّ
الْاَوَّلِينَ وَالْاٰخِرِينَ ﴿٤٩﴾ لَمَجْمُوعُونَ اِلٰى مِيقَاتِ يَوْمٍ مَعْلُومٍ ﴿٥٠﴾

ثُمَّ اِنَّكُمْ اَيُّهَا الضَّٓالُّونَ الْمُكَذِّبُونَۙ ﴿٥١﴾ لَاٰكِلُونَ مِنْ شَجَرٍ
مِنْ زَقُّومٍۙ ﴿٥٢﴾ فَمَالِؤُنَ مِنْهَا الْبُطُونَۚ ﴿٥٣﴾ فَشَارِبُونَ عَلَيْهِ
مِنَ الْحَم۪يمِۚ ﴿٥٤﴾ فَشَارِبُونَ شُرْبَ الْه۪يمِۜ ﴿٥٥﴾ هٰذَا نُزُلُهُمْ يَوْمَ الدّ۪ينِۜ
﴿٥٦﴾ نَحْنُ خَلَقْنَاكُمْ فَلَوْلَا تُصَدِّقُونَ ﴿٥٧﴾ اَفَرَاَيْتُمْ مَا تُمْنُونَۜ ﴿٥٨﴾
ءَاَنْتُمْ تَخْلُقُونَهُٓ اَمْ نَحْنُ الْخَالِقُونَ ﴿٥٩﴾ نَحْنُ قَدَّرْنَا بَيْنَكُمُ
الْمَوْتَ وَمَا نَحْنُ بِمَسْبُوق۪ينَۙ ﴿٦٠﴾ عَلٰٓى اَنْ نُبَدِّلَ اَمْثَالَكُمْ وَنُنْشِئَكُمْ
ف۪ي مَا لَا تَعْلَمُونَ ﴿٦١﴾ وَلَقَدْ عَلِمْتُمُ النَّشْاَةَ الْاُو۫لٰى فَلَوْلَا تَذَكَّرُونَ
﴿٦٢﴾ اَفَرَاَيْتُمْ مَا تَحْرُثُونَۜ ﴿٦٣﴾ ءَاَنْتُمْ تَزْرَعُونَهُٓ اَمْ نَحْنُ الزَّارِعُونَ
﴿٦٤﴾ لَوْ نَشَٓاءُ لَجَعَلْنَاهُ حُطَامًا فَظَلْتُمْ تَفَكَّهُونَ ﴿٦٥﴾ اِنَّا لَمُغْرَمُونَۙ
﴿٦٦﴾ بَلْ نَحْنُ مَحْرُومُونَ ﴿٦٧﴾ اَفَرَاَيْتُمُ الْمَٓاءَ الَّذ۪ي تَشْرَبُونَۜ ﴿٦٨﴾
ءَاَنْتُمْ اَنْزَلْتُمُوهُ مِنَ الْمُزْنِ اَمْ نَحْنُ الْمُنْزِلُونَ ﴿٦٩﴾ لَوْ نَشَٓاءُ جَعَلْنَاهُ
اُجَاجًا فَلَوْلَا تَشْكُرُونَ ﴿٧٠﴾ اَفَرَاَيْتُمُ النَّارَ الَّت۪ي تُورُونَۜ ﴿٧١﴾
ءَاَنْتُمْ اَنْشَاْتُمْ شَجَرَتَهَٓا اَمْ نَحْنُ الْمُنْشِؤُنَ ﴿٧٢﴾ نَحْنُ جَعَلْنَاهَا
تَذْكِرَةً وَمَتَاعًا لِلْمُقْو۪ينَۚ ﴿٧٣﴾ فَسَبِّحْ بِاسْمِ رَبِّكَ الْعَظ۪يمِ ﴿٧٤﴾
فَلَٓا اُقْسِمُ بِمَوَاقِعِ النُّجُومِۙ ﴿٧٥﴾ وَاِنَّهُ لَقَسَمٌ لَوْ تَعْلَمُونَ عَظ۪يمٌۙ ﴿٧٦﴾

اِنَّهُ لَقُرْاٰنٌ كَرِيمٌۙ ﴿٧٧﴾ فِي كِتَابٍ مَكْنُونٍۙ ﴿٧٨﴾ لَا يَمَسُّهُٓ اِلَّا الْمُطَهَّرُونَۜ ﴿٧٩﴾ تَنْزِيلٌ
مِنْ رَبِّ الْعَالَمِينَ ﴿٨٠﴾ اَفَبِهٰذَا الْحَدِيثِ اَنْتُمْ مُدْهِنُونَۙ ﴿٨١﴾ وَتَجْعَلُونَ
رِزْقَكُمْ اَنَّكُمْ تُكَذِّبُونَ ﴿٨٢﴾ فَلَوْلَٓا اِذَا بَلَغَتِ الْحُلْقُومَۙ ﴿٨٣﴾ وَاَنْتُمْ
حِينَئِذٍ تَنْظُرُونَۙ ﴿٨٤﴾ وَنَحْنُ اَقْرَبُ اِلَيْهِ مِنْكُمْ وَلٰكِنْ لَا تُبْصِرُونَ ﴿٨٥﴾ فَلَوْلَٓا
اِنْ كُنْتُمْ غَيْرَ مَدِينِينَۙ ﴿٨٦﴾ تَرْجِعُونَهَٓا اِنْ كُنْتُمْ صَادِقِينَ ﴿٨٧﴾ فَاَمَّٓا
اِنْ كَانَ مِنَ الْمُقَرَّبِينَۙ ﴿٨٨﴾ فَرَوْحٌ وَرَيْحَانٌ وَجَنَّتُ نَعِيمٍ ﴿٨٩﴾ وَاَمَّٓا
اِنْ كَانَ مِنْ اَصْحَابِ الْيَمِينِۙ ﴿٩٠﴾ فَسَلَامٌ لَكَ مِنْ اَصْحَابِ الْيَمِينِ ﴿٩١﴾ وَاَمَّٓا
اِنْ كَانَ مِنَ الْمُكَذِّبِينَ الضَّٓالِّينَۙ ﴿٩٢﴾ فَنُزُلٌ مِنْ حَمِيمٍۙ ﴿٩٣﴾ وَتَصْلِيَةُ
جَحِيمٍ ﴿٩٤﴾ اِنَّ هٰذَا لَهُوَ حَقُّ الْيَقِينِۚ ﴿٩٥﴾ فَسَبِّحْ بِاسْمِ رَبِّكَ الْعَظِيمِ ﴿٩٦﴾

مِنْ سُورَةِ الْحَشْرِ

بِسْمِ اللّٰهِ الرَّحْمٰنِ الرَّحِيمِ

لَا يَسْتَوِٓي اَصْحَابُ النَّارِ وَاَصْحَابُ الْجَنَّةِۜ اَصْحَابُ
الْجَنَّةِ هُمُ الْفَٓائِزُونَ ﴿٢٠﴾ لَوْ اَنْزَلْنَا هٰذَا الْقُرْاٰنَ عَلٰى جَبَلٍ
لَرَاَيْتَهُ خَاشِعًا مُتَصَدِّعًا مِنْ خَشْيَةِ اللّٰهِۜ وَتِلْكَ الْاَمْثَالُ
نَضْرِبُهَا لِلنَّاسِ لَعَلَّهُمْ يَتَفَكَّرُونَ ﴿٢١﴾ هُوَ اللّٰهُ الَّذِي لَٓا اِلٰهَ
اِلَّا هُوَۚ عَالِمُ الْغَيْبِ وَالشَّهَادَةِۚ هُوَ الرَّحْمٰنُ الرَّحِيمُ ﴿٢٢﴾

هُوَ اللّٰهُ الَّذ۪ي لَٓا اِلٰهَ اِلَّا هُوَۚ اَلْمَلِكُ الْقُدُّوسُ السَّلَامُ الْمُؤْمِنُ
الْمُهَيْمِنُ الْعَز۪يزُ الْجَبَّارُ الْمُتَكَبِّرُۜ سُبْحَانَ اللّٰهِ عَمَّا يُشْرِكُونَ ﴿٢٣﴾
هُوَ اللّٰهُ الْخَالِقُ الْبَارِئُ الْمُصَوِّرُ لَهُ الْاَسْمَٓاءُ الْحُسْنٰىۜ
يُسَبِّحُ لَهُ مَا فِي السَّمٰوَاتِ وَالْاَرْضِۚ وَهُوَ الْعَز۪يزُ الْحَك۪يمُ ﴿٢٤﴾

سُورَةُ الْجُمُعَةِ مَدَنِيَّةٌ وَهِيَ اِحْدٰى عَشْرَةَ اٰيَةً

بِسْمِ اللّٰهِ الرَّحْمٰنِ الرَّح۪يمِ

يُسَبِّحُ لِلّٰهِ مَا فِي السَّمٰوَاتِ وَمَا فِي الْاَرْضِ الْمَلِكِ الْقُدُّوسِ الْعَز۪يزِ الْحَك۪يمِ
﴿١﴾ هُوَ الَّذ۪ي بَعَثَ فِي الْاُمِّيّ۪نَ رَسُولًا مِنْهُمْ يَتْلُوا عَلَيْهِمْ اٰيَاتِه۪ وَيُزَكّ۪يهِمْ
وَيُعَلِّمُهُمُ الْكِتَابَ وَالْحِكْمَةَۗ وَاِنْ كَانُوا مِنْ قَبْلُ لَف۪ي ضَلَالٍ مُب۪ينٍۙ
﴿٢﴾ وَاٰخَر۪ينَ مِنْهُمْ لَمَّا يَلْحَقُوا بِهِمْۜ وَهُوَ الْعَز۪يزُ الْحَك۪يمُ ﴿٣﴾ ذٰلِكَ
فَضْلُ اللّٰهِ يُؤْت۪يهِ مَنْ يَشَٓاءُۜ وَاللّٰهُ ذُو الْفَضْلِ الْعَظ۪يمِ ﴿٤﴾
مَثَلُ الَّذ۪ينَ حُمِّلُوا التَّوْرٰيةَ ثُمَّ لَمْ يَحْمِلُوهَا كَمَثَلِ الْحِمَارِ يَحْمِلُ اَسْفَارًاۜ
بِئْسَ مَثَلُ الْقَوْمِ الَّذ۪ينَ كَذَّبُوا بِاٰيَاتِ اللّٰهِۜ وَاللّٰهُ لَا يَهْدِي الْقَوْمَ
الظَّالِم۪ينَ ﴿٥﴾ قُلْ يَٓا اَيُّهَا الَّذ۪ينَ هَادُوا اِنْ زَعَمْتُمْ اَنَّكُمْ
اَوْلِيَٓاءُ لِلّٰهِ مِنْ دُونِ النَّاسِ فَتَمَنَّوُا الْمَوْتَ اِنْ كُنْتُمْ صَادِق۪ينَ ﴿٦﴾

وَلَا يَتَمَنَّوْنَهُ اَبَدًا بِمَا قَدَّمَتْ اَيْدٖيهِمْ وَاللّٰهُ عَلٖيمٌ بِالظَّالِمٖينَ
٧ قُلْ اِنَّ الْمَوْتَ الَّذٖى تَفِرُّونَ مِنْهُ فَاِنَّهُ مُلَاقٖيكُمْ ثُمَّ تُرَدُّونَ
اِلٰى عَالِمِ الْغَيْبِ وَالشَّهَادَةِ فَيُنَبِّئُكُمْ بِمَا كُنْتُمْ تَعْمَلُونَ ٨
يَٓا اَيُّهَا الَّذٖينَ اٰمَنُوٓا اِذَا نُودِىَ لِلصَّلٰوةِ مِنْ يَوْمِ الْجُمُعَةِ فَاسْعَوْا اِلٰى ذِكْرِ اللّٰهِ
وَذَرُوا الْبَيْعَ ذٰلِكُمْ خَيْرٌ لَكُمْ اِنْ كُنْتُمْ تَعْلَمُونَ ٩ فَاِذَا قُضِيَتِ
الصَّلٰوةُ فَانْتَشِرُوا فِى الْاَرْضِ وَابْتَغُوا مِنْ فَضْلِ اللّٰهِ وَاذْكُرُوا اللّٰهَ
كَثٖيرًا لَعَلَّكُمْ تُفْلِحُونَ ١٠ وَاِذَا رَاَوْا تِجَارَةً اَوْ لَهْوًا انْفَضُّوٓا اِلَيْهَا وَتَرَكُوكَ
قَٓائِمًا قُلْ مَا عِنْدَ اللّٰهِ خَيْرٌ مِنَ اللَّهْوِ وَمِنَ التِّجَارَةِ وَاللّٰهُ خَيْرُ الرَّازِقٖينَ ١١

مِنْ سُورَةِ التَّحْرٖيمِ

بِسْمِ اللّٰهِ الرَّحْمٰنِ الرَّحٖيمِ

يَٓا اَيُّهَا الَّذٖينَ اٰمَنُوا تُوبُوٓا اِلَى اللّٰهِ تَوْبَةً نَصُوحًا عَسٰى
رَبُّكُمْ اَنْ يُكَفِّرَ عَنْكُمْ سَيِّئَاتِكُمْ وَيُدْخِلَكُمْ جَنَّاتٍ تَجْرٖى
مِنْ تَحْتِهَا الْاَنْهَارُ يَوْمَ لَا يُخْزِى اللّٰهُ النَّبِىَّ وَالَّذٖينَ اٰمَنُوا
مَعَهُ نُورُهُمْ يَسْعٰى بَيْنَ اَيْدٖيهِمْ وَبِاَيْمَانِهِمْ يَقُولُونَ
رَبَّنَٓا اَتْمِمْ لَنَا نُورَنَا وَاغْفِرْ لَنَا اِنَّكَ عَلٰى كُلِّ شَىْءٍ قَدٖيرٌ ٨

سُورَةُ الْمُلْكِ مَكِّيَّةٌ
وَهِيَ ثَلٰثُونَ اٰيَةً

بِسْمِ اللّٰهِ الرَّحْمٰنِ الرَّح۪يمِ

تَبَارَكَ الَّذ۪ي بِيَدِهِ الْمُلْكُۘ وَهُوَ عَلٰى كُلِّ شَيْءٍ قَد۪يرٌۙ ﴿١﴾ اَلَّذ۪ي خَلَقَ الْمَوْتَ وَالْحَيٰوةَ
لِيَبْلُوَكُمْ اَيُّكُمْ اَحْسَنُ عَمَلًاۜ وَهُوَ الْعَز۪يزُ الْغَفُورُۙ ﴿٢﴾ اَلَّذ۪ي خَلَقَ سَبْعَ سَمٰوَاتٍ
طِبَاقًاۜ مَا تَرٰى ف۪ي خَلْقِ الرَّحْمٰنِ مِنْ تَفَاوُتٍۜ فَارْجِعِ الْبَصَرَۙ هَلْ تَرٰى مِنْ
فُطُورٍ ﴿٣﴾ ثُمَّ ارْجِعِ الْبَصَرَ كَرَّتَيْنِ يَنْقَلِبْ اِلَيْكَ الْبَصَرُ خَاسِئًا وَهُوَ حَس۪يرٌ
﴿٤﴾ وَلَقَدْ زَيَّنَّا السَّمَٓاءَ الدُّنْيَا بِمَصَاب۪يحَ وَجَعَلْنَاهَا رُجُومًا لِلشَّيَاط۪ينِ
وَاَعْتَدْنَا لَهُمْ عَذَابَ السَّع۪يرِ ﴿٥﴾ وَلِلَّذ۪ينَ كَفَرُوا بِرَبِّهِمْ عَذَابُ جَهَنَّمَۜ
وَبِئْسَ الْمَص۪يرُ ﴿٦﴾ اِذَٓا اُلْقُوا ف۪يهَا سَمِعُوا لَهَا شَه۪يقًا وَهِيَ تَفُورُۙ ﴿٧﴾ تَكَادُ
تَمَيَّزُ مِنَ الْغَيْظِۜ كُلَّمَٓا اُلْقِيَ ف۪يهَا فَوْجٌ سَاَلَهُمْ خَزَنَتُهَٓا اَلَمْ يَأْتِكُمْ نَذ۪يرٌ
﴿٨﴾ قَالُوا بَلٰى قَدْ جَٓاءَنَا نَذ۪يرٌ فَكَذَّبْنَا وَقُلْنَا مَا نَزَّلَ اللّٰهُ مِنْ شَيْءٍۚ اِنْ
اَنْتُمْ اِلَّا ف۪ي ضَلَالٍ كَب۪يرٍ ﴿٩﴾ وَقَالُوا لَوْ كُنَّا نَسْمَعُ اَوْ نَعْقِلُ مَا كُنَّا
ف۪ٓي اَصْحَابِ السَّع۪يرِ ﴿١٠﴾ فَاعْتَرَفُوا بِذَنْبِهِمْۚ فَسُحْقًا لِاَصْحَابِ السَّع۪يرِ
﴿١١﴾ اِنَّ الَّذ۪ينَ يَخْشَوْنَ رَبَّهُمْ بِالْغَيْبِ لَهُمْ مَغْفِرَةٌ وَاَجْرٌ كَب۪يرٌ ﴿١٢﴾

وَاَسِرُّوا قَوْلَكُمْ اَوِ اجْهَرُوا بِه۪ۜ اِنَّهُ عَل۪يمٌ بِذَاتِ الصُّدُورِ ﴿١٣﴾
اَلَا يَعْلَمُ مَنْ خَلَقَۜ وَهُوَ اللَّط۪يفُ الْخَب۪يرُ ﴿١٤﴾ هُوَ الَّذ۪ي جَعَلَ لَكُمُ
الْاَرْضَ ذَلُولاً فَامْشُوا ف۪ي مَنَاكِبِهَا وَكُلُوا مِنْ رِزْقِه۪ۜ وَاِلَيْهِ
النُّشُورُ ﴿١٥﴾ ءَاَمِنْتُمْ مَنْ فِي السَّمَٓاءِ اَنْ يَخْسِفَ بِكُمُ الْاَرْضَ فَاِذَا
هِيَ تَمُورُۙ ﴿١٦﴾ اَمْ اَمِنْتُمْ مَنْ فِي السَّمَٓاءِ اَنْ يُرْسِلَ عَلَيْكُمْ حَاصِباًۜ
فَسَتَعْلَمُونَ كَيْفَ نَذ۪يرِ ﴿١٧﴾ وَلَقَدْ كَذَّبَ الَّذ۪ينَ مِنْ قَبْلِهِمْ
فَكَيْفَ كَانَ نَك۪يرِ ﴿١٨﴾ اَوَلَمْ يَرَوْا اِلَى الطَّيْرِ فَوْقَهُمْ صَٓافَّاتٍ
وَيَقْبِضْنَۜ مَا يُمْسِكُهُنَّ اِلَّا الرَّحْمٰنُۜ اِنَّهُ بِكُلِّ شَيْءٍ بَص۪يرٌ ﴿١٩﴾ اَمَّنْ هٰذَا الَّذ۪ي
هُوَ جُنْدٌ لَكُمْ يَنْصُرُكُمْ مِنْ دُونِ الرَّحْمٰنِۜ اِنِ الْكَافِرُونَ اِلَّا ف۪ي غُرُورٍۚ ﴿٢٠﴾ اَمَّنْ
هٰذَا الَّذ۪ي يَرْزُقُكُمْ اِنْ اَمْسَكَ رِزْقَهُۚ بَلْ لَجُّوا ف۪ي عُتُوٍّ وَنُفُورٍ
﴿٢١﴾ اَفَمَنْ يَمْش۪ي مُكِبّاً عَلٰى وَجْهِه۪ٓ اَهْدٰٓى اَمَّنْ يَمْش۪ي سَوِيّاً عَلٰى
صِرَاطٍ مُسْتَق۪يمٍ ﴿٢٢﴾ قُلْ هُوَ الَّذ۪ٓي اَنْشَاَكُمْ وَجَعَلَ لَكُمُ السَّمْعَ
وَالْاَبْصَارَ وَالْاَفْـِٔدَةَۜ قَل۪يلاً مَا تَشْكُرُونَ ﴿٢٣﴾ قُلْ هُوَ الَّذ۪ي ذَرَاَكُمْ فِي
الْاَرْضِ وَاِلَيْهِ تُحْشَرُونَ ﴿٢٤﴾ وَيَقُولُونَ مَتٰى هٰذَا الْوَعْدُ اِنْ كُنْتُمْ صَادِق۪ينَ
﴿٢٥﴾ قُلْ اِنَّمَا الْعِلْمُ عِنْدَ اللّٰهِۖ وَاِنَّمَٓا اَنَا۬ نَذ۪يرٌ مُب۪ينٌ ﴿٢٦﴾

فَلَمَّا رَاَوْهُ زُلْفَةً سِيـَٔتْ وُجُوهُ الَّذِينَ كَفَرُوا وَقِيلَ هٰذَا الَّذِى
كُنْتُمْ بِهِ تَدَّعُونَ ﴿٢٧﴾ قُلْ اَرَاَيْتُمْ اِنْ اَهْلَكَنِىَ اللّٰهُ وَمَنْ مَعِىَ اَوْ
رَحِمَنَا فَمَنْ يُجِيرُ الْكَافِرِينَ مِنْ عَذَابٍ اَلِيمٍ ﴿٢٨﴾ قُلْ هُوَ الرَّحْمٰنُ اٰمَنَّا بِهِ
وَعَلَيْهِ تَوَكَّلْنَا فَسَتَعْلَمُونَ مَنْ هُوَ فِى ضَلَالٍ مُبِينٍ ﴿٢٩﴾ قُلْ
اَرَاَيْتُمْ اِنْ اَصْبَحَ مَاؤُكُمْ غَوْرًا فَمَنْ يَاْتِيكُمْ بِمَاءٍ مَعِينٍ ﴿٣٠﴾

سُورَةُ الْقِيٰمَةِ مَكِّيَّةٌ وَهِىَ اَرْبَعُونَ اٰيَةً

بِسْمِ اللّٰهِ الرَّحْمٰنِ الرَّحِيمِ

لَا اُقْسِمُ بِيَوْمِ الْقِيٰمَةِ ﴿١﴾ وَلَا اُقْسِمُ بِالنَّفْسِ اللَّوَّامَةِ ﴿٢﴾ اَيَحْسَبُ
الْاِنْسَانُ اَلَّنْ نَجْمَعَ عِظَامَهُ ﴿٣﴾ بَلٰى قَادِرِينَ عَلٰى اَنْ نُسَوِّىَ بَنَانَهُ ﴿٤﴾ بَلْ يُرِيدُ
الْاِنْسَانُ لِيَفْجُرَ اَمَامَهُ ﴿٥﴾ يَسْـَٔلُ اَيَّانَ يَوْمُ الْقِيٰمَةِ ﴿٦﴾ فَاِذَا بَرِقَ الْبَصَرُ
﴿٧﴾ وَخَسَفَ الْقَمَرُ ﴿٨﴾ وَجُمِعَ الشَّمْسُ وَالْقَمَرُ ﴿٩﴾ يَقُولُ الْاِنْسَانُ يَوْمَئِذٍ
اَيْنَ الْمَفَرُّ ﴿١٠﴾ كَلَّا لَا وَزَرَ ﴿١١﴾ اِلٰى رَبِّكَ يَوْمَئِذٍ الْمُسْتَقَرُّ ﴿١٢﴾ يُنَبَّؤُا
الْاِنْسَانُ يَوْمَئِذٍ بِمَا قَدَّمَ وَاَخَّرَ ﴿١٣﴾ بَلِ الْاِنْسَانُ عَلٰى نَفْسِهِ بَصِيرَةٌ ﴿١٤﴾
وَلَوْ اَلْقٰى مَعَاذِيرَهُ ﴿١٥﴾ لَا تُحَرِّكْ بِهِ لِسَانَكَ لِتَعْجَلَ بِهِ ﴿١٦﴾ اِنَّ عَلَيْنَا جَمْعَهُ
وَقُرْاٰنَهُ ﴿١٧﴾ فَاِذَا قَرَاْنَاهُ فَاتَّبِعْ قُرْاٰنَهُ ﴿١٨﴾ ثُمَّ اِنَّ عَلَيْنَا بَيَانَهُ ﴿١٩﴾

كَلَّا بَلْ تُحِبُّونَ الْعَاجِلَةَ ﴿٢٠﴾ وَتَذَرُونَ الْاٰخِرَةَ ﴿٢١﴾ وُجُوهٌ يَوْمَئِذٍ نَاضِرَةٌ ﴿٢٢﴾
اِلٰى رَبِّهَا نَاظِرَةٌ ﴿٢٣﴾ وَوُجُوهٌ يَوْمَئِذٍ بَاسِرَةٌ ﴿٢٤﴾ تَظُنُّ اَنْ يُفْعَلَ بِهَا فَاقِرَةٌ ﴿٢٥﴾
كَلَّا اِذَا بَلَغَتِ التَّرَاقِيَ ﴿٢٦﴾ وَقِيلَ مَنْ سكتة رَاقٍ ﴿٢٧﴾ وَظَنَّ اَنَّهُ الْفِرَاقُ ﴿٢٨﴾
وَالْتَفَّتِ السَّاقُ بِالسَّاقِ ﴿٢٩﴾ اِلٰى رَبِّكَ يَوْمَئِذٍ الْمَسَاقُ ﴿٣٠﴾ فَلَا صَدَّقَ
وَلَا صَلّٰى ﴿٣١﴾ وَلٰكِنْ كَذَّبَ وَتَوَلّٰى ﴿٣٢﴾ ثُمَّ ذَهَبَ اِلٰى اَهْلِه۪ يَتَمَطّٰى ﴿٣٣﴾ اَوْلٰى لَكَ
فَاَوْلٰى ﴿٣٤﴾ ثُمَّ اَوْلٰى لَكَ فَاَوْلٰى ﴿٣٥﴾ اَيَحْسَبُ الْاِنْسَانُ اَنْ يُتْرَكَ سُدًى ﴿٣٦﴾
اَلَمْ يَكُ نُطْفَةً مِنْ مَنِيٍّ يُمْنٰى ﴿٣٧﴾ ثُمَّ كَانَ عَلَقَةً فَخَلَقَ فَسَوّٰى ﴿٣٨﴾ فَجَعَلَ
مِنْهُ الزَّوْجَيْنِ الذَّكَرَ وَالْاُنْثٰى ﴿٣٩﴾ اَلَيْسَ ذٰلِكَ بِقَادِرٍ عَلٰٓى اَنْ يُحْيِيَ الْمَوْتٰى ﴿٤٠﴾

سُورَةُ النَّبَاِ مَكِّيَّةٌ
وَهِيَ اَرْبَعُونَ اٰيَةً

بِسْمِ اللّٰهِ الرَّحْمٰنِ الرَّح۪يمِ

عَمَّ يَتَسَاءَلُونَ ﴿١﴾ عَنِ النَّبَاِ الْعَظ۪يمِ ﴿٢﴾ اَلَّذ۪ي هُمْ ف۪يهِ مُخْتَلِفُونَ ﴿٣﴾
كَلَّا سَيَعْلَمُونَ ﴿٤﴾ ثُمَّ كَلَّا سَيَعْلَمُونَ ﴿٥﴾ اَلَمْ نَجْعَلِ الْاَرْضَ مِهَادًا
﴿٦﴾ وَالْجِبَالَ اَوْتَادًا ﴿٧﴾ وَخَلَقْنَاكُمْ اَزْوَاجًا ﴿٨﴾ وَجَعَلْنَا نَوْمَكُمْ
سُبَاتًا ﴿٩﴾ وَجَعَلْنَا الَّيْلَ لِبَاسًا ﴿١٠﴾ وَجَعَلْنَا النَّهَارَ مَعَاشًا ﴿١١﴾

وَبَنَيْنَا فَوْقَكُمْ سَبْعًا شِدَادًا ﴿١٢﴾ وَجَعَلْنَا سِرَاجًا وَهَّاجًا ﴿١٣﴾ وَاَنْزَلْنَا
مِنَ الْمُعْصِرَاتِ مَاءً ثَجَّاجًا ﴿١٤﴾ لِنُخْرِجَ بِهِ حَبًّا وَنَبَاتًا ﴿١٥﴾ وَجَنَّاتٍ اَلْفَافًا ﴿١٦﴾
اِنَّ يَوْمَ الْفَصْلِ كَانَ مِيقَاتًا ﴿١٧﴾ يَوْمَ يُنْفَخُ فِي الصُّورِ فَتَأْتُونَ اَفْوَاجًا ﴿١٨﴾
وَفُتِحَتِ السَّمَاءُ فَكَانَتْ اَبْوَابًا ﴿١٩﴾ وَسُيِّرَتِ الْجِبَالُ فَكَانَتْ سَرَابًا ﴿٢٠﴾
اِنَّ جَهَنَّمَ كَانَتْ مِرْصَادًا ﴿٢١﴾ لِلطَّاغِينَ مَاٰبًا ﴿٢٢﴾ لَابِثِينَ فِيهَا اَحْقَابًا ﴿٢٣﴾
لَا يَذُوقُونَ فِيهَا بَرْدًا وَلَا شَرَابًا ﴿٢٤﴾ اِلَّا حَمِيمًا وَغَسَّاقًا ﴿٢٥﴾ جَزَاءً وِفَاقًا
﴿٢٦﴾ اِنَّهُمْ كَانُوا لَا يَرْجُونَ حِسَابًا ﴿٢٧﴾ وَكَذَّبُوا بِاٰيَاتِنَا كِذَّابًا ﴿٢٨﴾
وَكُلَّ شَيْءٍ اَحْصَيْنَاهُ كِتَابًا ﴿٢٩﴾ فَذُوقُوا فَلَنْ نَزِيدَكُمْ اِلَّا عَذَابًا ﴿٣٠﴾
اِنَّ لِلْمُتَّقِينَ مَفَازًا ﴿٣١﴾ حَدَائِقَ وَاَعْنَابًا ﴿٣٢﴾ وَكَوَاعِبَ اَتْرَابًا ﴿٣٣﴾ وَكَاْسًا
دِهَاقًا ﴿٣٤﴾ لَا يَسْمَعُونَ فِيهَا لَغْوًا وَلَا كِذَّابًا ﴿٣٥﴾ جَزَاءً مِنْ رَبِّكَ
عَطَاءً حِسَابًا ﴿٣٦﴾ رَبِّ السَّمٰوَاتِ وَالْاَرْضِ وَمَا بَيْنَهُمَا الرَّحْمٰنِ
لَا يَمْلِكُونَ مِنْهُ خِطَابًا ﴿٣٧﴾ يَوْمَ يَقُومُ الرُّوحُ وَالْمَلٰئِكَةُ صَفًّا لَا يَتَكَلَّمُونَ
اِلَّا مَنْ اَذِنَ لَهُ الرَّحْمٰنُ وَقَالَ صَوَابًا ﴿٣٨﴾ ذٰلِكَ الْيَوْمُ الْحَقُّ فَمَنْ
شَاءَ اتَّخَذَ اِلٰى رَبِّهِ مَاٰبًا ﴿٣٩﴾ اِنَّا اَنْذَرْنَاكُمْ عَذَابًا قَرِيبًا يَوْمَ
يَنْظُرُ الْمَرْءُ مَا قَدَّمَتْ يَدَاهُ وَيَقُولُ الْكَافِرُ يَا لَيْتَنِي كُنْتُ تُرَابًا ﴿٤٠﴾

سُورَةُ التَّكَاثُرِ مَكِّيَّةٌ وَهِيَ ثَمَانِي اٰيَاتٍ

بِسْمِ اللّٰهِ الرَّحْمٰنِ الرَّح۪يمِ

اَلْهٰيكُمُ التَّكَاثُرُۙ ١ حَتّٰى زُرْتُمُ الْمَقَابِرَۜ ٢ كَلَّا سَوْفَ تَعْلَمُونَۙ ٣ ثُمَّ
كَلَّا سَوْفَ تَعْلَمُونَۜ ٤ كَلَّا لَوْ تَعْلَمُونَ عِلْمَ الْيَق۪ينِۜ ٥ لَتَرَوُنَّ الْجَح۪يمَۙ
٦ ثُمَّ لَتَرَوُنَّهَا عَيْنَ الْيَق۪ينِۙ ٧ ثُمَّ لَتُسْـَٔلُنَّ يَوْمَئِذٍ عَنِ النَّع۪يمِ ٨

سُورَةُ الْف۪يلِ مَكِّيَّةٌ وَهِيَ خَمْسُ اٰيَاتٍ

بِسْمِ اللّٰهِ الرَّحْمٰنِ الرَّح۪يمِ

اَلَمْ تَرَ كَيْفَ فَعَلَ رَبُّكَ بِاَصْحَابِ الْف۪يلِۜ ١ اَلَمْ يَجْعَلْ كَيْدَهُمْ
ف۪ي تَضْل۪يلٍۙ ٢ وَاَرْسَلَ عَلَيْهِمْ طَيْراً اَبَاب۪يلَۙ ٣ تَرْم۪يهِمْ
بِحِجَارَةٍ مِنْ سِجّ۪يلٍۙ ٤ فَجَعَلَهُمْ كَعَصْفٍ مَأْكُولٍ ٥

سُورَةُ قُرَيْشٍ مَكِّيَّةٌ وَهِيَ اَرْبَعُ اٰيَاتٍ

بِسْمِ اللّٰهِ الرَّحْمٰنِ الرَّح۪يمِ

لِا۪يلَافِ قُرَيْشٍۙ ١ ا۪يلَافِهِمْ رِحْلَةَ الشِّتَٓاءِ وَالصَّيْفِۚ ٢ فَلْيَعْبُدُوا
رَبَّ هٰذَا الْبَيْتِۙ ٣ اَلَّذ۪ٓي اَطْعَمَهُمْ مِنْ جُوعٍ وَاٰمَنَهُمْ مِنْ خَوْفٍ ٤

سُورَةُ الْمَاعُونِ مَكِّيَّةٌ وَهِيَ سَبْعُ اٰيَاتٍ

بِسْمِ اللّٰهِ الرَّحْمٰنِ الرَّح۪يمِ

اَرَاَيْتَ الَّذ۪ي يُكَذِّبُ بِالدّ۪ينِۜ ﴿١﴾ فَذٰلِكَ الَّذ۪ي يَدُعُّ الْيَت۪يمَۙ ﴿٢﴾
وَلَا يَحُضُّ عَلٰى طَعَامِ الْمِسْك۪ينِۜ ﴿٣﴾ فَوَيْلٌ لِلْمُصَلّ۪ينَۙ ﴿٤﴾ اَلَّذ۪ينَ هُمْ عَنْ
صَلَاتِهِمْ سَاهُونَۙ ﴿٥﴾ اَلَّذ۪ينَ هُمْ يُرَٓاؤُ۫نَۙ ﴿٦﴾ وَيَمْنَعُونَ الْمَاعُونَ ﴿٧﴾

سُورَةُ الْكَوْثَرِ مَكِّيَّةٌ وَهِيَ ثَلٰثُ اٰيَاتٍ

بِسْمِ اللّٰهِ الرَّحْمٰنِ الرَّح۪يمِ

اِنَّٓا اَعْطَيْنَاكَ الْكَوْثَرَۜ ﴿١﴾ فَصَلِّ لِرَبِّكَ وَانْحَرْۜ ﴿٢﴾ اِنَّ شَانِئَكَ هُوَ الْاَبْتَرُ ﴿٣﴾

سُورَةُ الْكَافِرُونَ مَكِّيَّةٌ وَهِيَ سِتُّ اٰيَاتٍ

بِسْمِ اللّٰهِ الرَّحْمٰنِ الرَّح۪يمِ

قُلْ يَٓا اَيُّهَا الْكَافِرُونَۙ ﴿١﴾ لَٓا اَعْبُدُ مَا تَعْبُدُونَۙ ﴿٢﴾ وَلَٓا اَنْتُمْ عَابِدُونَ مَٓا اَعْبُدُۚ ﴿٣﴾
وَلَٓا اَنَا۬ عَابِدٌ مَا عَبَدْتُمْۙ ﴿٤﴾ وَلَٓا اَنْتُمْ عَابِدُونَ مَٓا اَعْبُدُۜ ﴿٥﴾ لَكُمْ د۪ينُكُمْ وَلِيَ د۪ينِ ﴿٦﴾

سُورَةُ النَّصْرِ مَدَنِيَّةٌ وَهِيَ ثَلٰثُ اٰيَاتٍ

بِسْمِ اللّٰهِ الرَّحْمٰنِ الرَّح۪يمِ

اِذَا جَٓاءَ نَصْرُ اللّٰهِ وَالْفَتْحُۙ ﴿١﴾ وَرَاَيْتَ النَّاسَ يَدْخُلُونَ ف۪ي د۪ينِ اللّٰهِ
اَفْوَاجاًۙ ﴿٢﴾ فَسَبِّحْ بِحَمْدِ رَبِّكَ وَاسْتَغْفِرْهُۜ اِنَّهُ كَانَ تَوَّاباً ﴿٣﴾

سُورَةُ تَبَّتْ مَكِّيَّةٌ وَهِيَ خَمْسُ اٰيَاتٍ

بِسْمِ اللّٰهِ الرَّحْمٰنِ الرَّح۪يمِ

تَبَّتْ يَدَٓا اَب۪ي لَهَبٍ وَتَبَّۜ ﴿١﴾ مَٓا اَغْنٰى عَنْهُ مَالُهُ وَمَا كَسَبَۜ ﴿٢﴾ سَيَصْلٰى نَارًا
ذَاتَ لَهَبٍۚ ﴿٣﴾ وَامْرَاَتُهُۜ حَمَّالَةَ الْحَطَبِۚ ﴿٤﴾ ف۪ي ج۪يدِهَا حَبْلٌ مِنْ مَسَدٍ ﴿٥﴾

سُورَةُ الْاِخْلَاصِ مَكِّيَّةٌ وَهِيَ اَرْبَعُ اٰيَاتٍ

بِسْمِ اللّٰهِ الرَّحْمٰنِ الرَّح۪يمِ

قُلْ هُوَ اللّٰهُ اَحَدٌۚ ﴿١﴾ اَللّٰهُ الصَّمَدُۚ ﴿٢﴾ لَمْ يَلِدْ وَلَمْ يُولَدْۙ ﴿٣﴾ وَلَمْ يَكُنْ لَهُ كُفُوًا اَحَدٌ ﴿٤﴾

سُورَةُ الْفَلَقِ مَدَنِيَّةٌ وَهِيَ خَمْسُ اٰيَاتٍ

بِسْمِ اللّٰهِ الرَّحْمٰنِ الرَّح۪يمِ

قُلْ اَعُوذُ بِرَبِّ الْفَلَقِۙ ﴿١﴾ مِنْ شَرِّ مَا خَلَقَۙ ﴿٢﴾ وَمِنْ شَرِّ غَاسِقٍ اِذَا وَقَبَۙ
﴿٣﴾ وَمِنْ شَرِّ النَّفَّاثَاتِ فِي الْعُقَدِۙ ﴿٤﴾ وَمِنْ شَرِّ حَاسِدٍ اِذَا حَسَدَ ﴿٥﴾

سُورَةُ النَّاسِ مَدَنِيَّةٌ وَهِيَ سِتُّ اٰيَاتٍ

بِسْمِ اللّٰهِ الرَّحْمٰنِ الرَّح۪يمِ

قُلْ اَعُوذُ بِرَبِّ النَّاسِۙ ﴿١﴾ مَلِكِ النَّاسِۙ ﴿٢﴾ اِلٰهِ النَّاسِۙ ﴿٣﴾ مِنْ
شَرِّ الْوَسْوَاسِ الْخَنَّاسِۙ ﴿٤﴾ اَلَّذ۪ي يُوَسْوِسُ ف۪ي صُدُورِ النَّاسِۙ ﴿٥﴾
مِنَ الْجِنَّةِ وَالنَّاسِ ﴿٦﴾

صَدَقَ اللّٰهُ الْعَظٖيمُ ۞ وَ بَلَّغَ رَسُولُهُ الْكَرٖيمُ ۞
وَ نَحْنُ عَلٰى مَا قَالَ رَبُّنَا وَ خَالِقُنَا وَ رَازِقُنَا هُوَ مَوْلٰينَا
مِنَ الشَّاهِدٖينَ الشَّاكِرٖينَ بِقَلْبٍ سَلٖيمٍ ۞ اَللّٰهُمَّ رَبَّنَا
يَا رَبَّنَا تَقَبَّلْ مِنَّٓا اِنَّكَ اَنْتَ السَّمٖيعُ الْعَلٖيمُ ۞ وَ تُبْ
عَلَيْنَا يَا مَوْلٰينَٓا اِنَّكَ اَنْتَ التَّوَّابُ الرَّحٖيمُ ۞ وَ اهْدِنَا
اِلَى الْحَقِّ وَ اِلٰى طَرٖيقٍ مُسْتَقٖيمٍ ۞ وَ اعْفُ عَنَّا وَ اغْفِرْ لَنَا
ذُنُوبَنَا يَا رَحْمٰنُ يَا رَحٖيمُ ۞ اَللّٰهُمَّ رَبَّنَا تَقَبَّلْ مِنَّا مَا قَرَاْنَاهُ
مِنَ الْقُرْاٰنِ الْعَظٖيمِ ۞ اَللّٰهُمَّ صَلِّ عَلٰى سَيِّدِنَا مُحَمَّدٍ
صَاحِبِ الشَّرٖيعَةِ وَ الْبُرْهَانِ ۞ اَللّٰهُمَّ عَافِنَا مِنْ كُلِّ بَلَٓاءِ
الدُّنْيَا وَ عَذَابِ الْاٰخِرَةِ بِحُرْمَةِ الْقُرْاٰنِ ۞ وَ ارْحَمْ جَمٖيعَ اُمَّةِ
مُحَمَّدٍ بِحَقِّ الْقُرْاٰنِ ۞ اَللّٰهُمَّ اجْعَلِ الْقُرْاٰنَ الْعَظٖيمَ لَنَا
فِي الدُّنْيَا قَرٖينًا ۞ وَ فِي الْقَبْرِ مُونِسًا ۞ وَ فِي الْقِيٰمَةِ
شَفٖيعًا ۞ وَ عَلَى الصِّرَاطِ نُورًا ۞ وَ مِنَ النَّارِ
سِتْرًا وَ حِجَابًا ۞ وَ اِلَى الْجَنَّةِ رَفٖيقًا ۞ وَ اِلَى الْخَيْرَاتِ
كُلِّهَا دَلٖيلًا وَ اِمَامًا ۞ بِفَضْلِكَ وَ جُودِكَ وَ كَرَمِكَ
وَ اِحْسَانِكَ وَ رَحْمَتِكَ يَٓا اَكْرَمَ الْاَكْرَمٖينَ وَ يَٓا اَرْحَمَ الرَّاحِمٖينَ ۞

اَللّٰهُمَّ يَا رَبَّنَا طَهِّرْ قُلُوبَنَا ۞ وَ اسْتُرْ عُيُوبَنَا وَ اشْفِ مَرْضَانَا
۞ وَ اقْضِ دُيُونَنَا ۞ وَ بَيِّضْ وُجُوهَنَا وَ ارْحَمْ اٰبَائَنَا ۞
وَ اَجْدَادَنَا ۞ وَ اغْفِرْ لِاُمَّهَاتِنَا وَ اَصْلِحْ دِينَنَا وَ دُنْيَانَا ۞
وَ احْفَظْ اَهْلَنَا وَ اَمْوَالَنَا وَ بِلَادَنَا مِنْ جَمِيعِ الْاٰفَاتِ
وَ الْاَمْرَاضِ وَ الْبَلَايَا ۞ وَ ثَبِّتْ اَقْدَامَنَا ۞ وَ انْصُرْنَا
عَلَى الْقَوْمِ الْكَافِرِينَ بِحُرْمَةِ سَيِّدِ الْمُرْسَلِينَ ۞
وَ الْحَمْدُ لِلّٰهِ رَبِّ الْعَالَمِينَ ۞

یاربّ اوقومش اولدیغمز سوره‌لری درگاه عزّتکده قبول أیله..
باشده پیغمبریمز حضرت محمّد صلّی الله علیه و سلّم أفندیمزك مبارك
روح عالیلرینه خاصّةً هدیّه أیله‌دك واصل أیله یا ربّ.. ثانیاً
جمله پیغمبرلرك روحلرینه هم چهارِ یارِ گُزینْ أفندیلریمزك و عموم اصحاب
کرامك روحلرینه آیری آیری هدیّه أیله‌دك واصل أیله یا ربّ .. هم
ایمانه قرآنه اسلامه خدمتلری سَبْقت ایدن أئمّه مجتهدین جمله
استاذ حُفّاظ أولیاء شهداء و صالح قوللریڭك روحلرینه آیری
آیری هدیّه أیله‌دك واصل أیله یا ربّ.. هم آخرته کوچن بتون آباء
و أجدادیمزك أقربا و تعلّقاتمزك و عموم أهل ایمان مؤمن و مؤمناتك
روحلرینه ده آیری آیری هدیّه أیله‌دك واصل أیله یا ربّ..
آمین... رضاءً لله تعالی الفاتحة